GÜTERSLOHER
VERLAGSHAUS

Gütersloher Verlagshaus. Dem Leben vertrauen

Für Christoph Clanget

Der Bilder wegen

Klaas Huizing

Handfestes Christentum

Eine kleine Kunstgeschichte christlicher Gesten

Gütersloher Verlagshaus

Bibliografische Information der Deutschen Nationalbibliothek

Die Deutsche Nationalbibliothek verzeichnet diese Publikation in der Deutschen Nationalbibliografie; detaillierte bibliografische Daten sind im Internet über http://dnb.d-nb.de abrufbar.

Bildnachweis

Pablo Picasso (S. 91, 92, 95, 96, 97, 98, 99): © Succession Picasso / VG Bild-Kunst, Bonn 2007
Francis Bacon (S. 117, 118, 119, 120, 122, 123): © The Estate of Francis Bacon / VG Bild-Kunst, Bonn 2007
Hermann Nitsch (S. 129, 131): © VG Bild-Kunst, Bonn 2007

1. Auflage

Umschlaggestaltung: Init GmbH, Bielefeld, unter Verwendung des Gemäldes »Die Inspiration des Matthäus« von Caravaggio, © der Bildvorlage: akg-images/Electa
Satz: Druckerei Sommer, Feuchtwangen
Druck und Einband: Těšínská Tiskárna, Česky Těšín
Printed in Czech Republic

ISBN 978-3-579-08013-0

www.gtvh.de

Inhalt

1. Einleitung: An den Gesten sollst du sie erkennen

1.1 Prägungen. Drei Szenen

1. Szene

Ein eigentümliches Geschenk.

Nein. Es gefiel meiner Mutter nicht. Und doch hängte sie es auf, milde widerstrebend, weil sie ihre Freundin nicht vor den Kopf stoßen wollte. Eine unbedeutende, schlecht ausgeleuchtete Ecke in der Küche wurde ausgewählt. Dort hing bereits der Neukirchener Abrisskalender mit den Kurzpredigten für den Tag. So entstand, eher durch Zufall, ein kleiner evangelischer Herrgottswinkel. Meine Mutter hatte, das spricht für ihre Lebensklugheit, ihr Geschenk beim Essen in der Küche stets im Rücken, mein Vater auch, meine Schwestern konnten mühelos wegschauen, aber ich war dem Anblick des Geschenks mehr als ein Jahrzehnt lang bei jedem Essen ausgeliefert: Dürers *Betende Hände*, aus Metall getrieben, auf ein dunkles, nahezu unbehandeltes Stück Holz genietet. Unten links das berühmte Monogramm. Kupfer. Es konnte nicht einmal ausbleichen. Wie oft habe ich es angestarrt. Ein eigentümliches Geschenk.

›Sieht aus wie Knastkunst‹, sagte meine Tochter neulich, als es ihr bei einem Besuch zufällig in die Hände fiel. Ein zwar gnadenloses, aber treffendes Urteil. Trotzdem. Irgendetwas rührte es damals in mir an. Die schlanken Hände haben mich unterschwellig immer fasziniert. (Trotz der schlecht manikürten Fingernägel.) Einmal habe ich mich Hals über Kopf in eine Frau verliebt, die ihre frierenden, aufregend zierlichen Hände warm rieb und dabei an die Geste erinnerte, die Dürer bebilderte. Anbeten und Beten liegen dicht beieinander. Und offensichtlich ist die Bedeutung der Geste, die Dürer in dieser Skizze einfing, resistent gegen kitschige Überfremdungen.

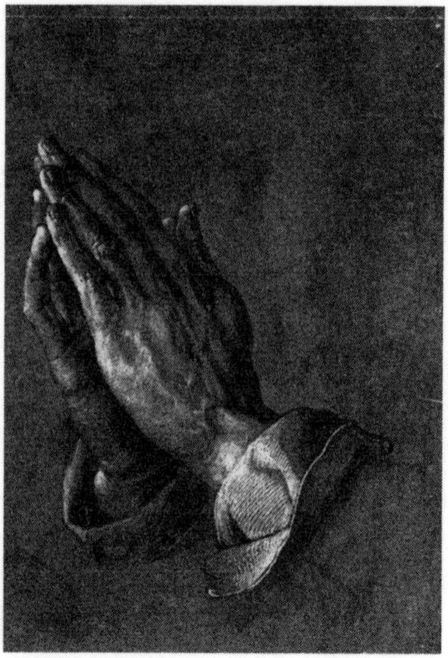
Albrecht Dürer, Betende Hände

Erst sehr viel später habe ich erfahren, dass die abgebildeten Hände Männerhände darstellen, die Hände eines Apostels, der sich mit Freunden am leeren Grab versammelt und zur himmlischen Marienkrönung aufblickt. Das war der Augenblick meiner privaten Entmythologisierung. Ausgeführt wurden Dürers Vorstudien übrigens im so genannten Heller-Altar, der nur in einer mäßigen Kopie aus dem 17. Jahrhundert überdauerte. Aber die *Betenden Hände* wurden im Zeitalter technischer Reproduzierbarkeit zum protestantischen Küchenschatz, ohne ihre Aura vollständig einzubüßen.

Das ja. Ein eigentümliches Geschenk.

2. Szene

In meiner Gehirnrinde sind die Bilder eingeritzt.

Ich habe das Buch abgeliebt. Schiefgelesen. Neugeträumt. Konnte aggressiv schmollen, wenn meine Schwestern darin lesen wollten.

Onkel Toms Hütte?

Nein. Das Buch kam deutlich später. Ebenso der belgische Comic ›Bessie‹, ein Vorläufer der amerikanischen Collie-Romantik. Nein. Es war die Kinderbibel meines holländischen Landsmanns Anne de Vries. Daneben lag immer die ›Bibel in Bildern‹ mit Stichen des Schnorr von Carolsfeld. Natürlich waren es auch die fremd anmutenden Gestalten, die mich als Kind faszinierten, aber es waren vor allem die Gesten, die meine Phantasie antrieben, weil sich in den Gesten der dramatische Knoten der

Geschichte schürzte und löste. *Der Barmherzige Samariter.* Oder *Die Heimkehr des Verlorenen Sohnes* (nach Schnorr von Carolsfeld).

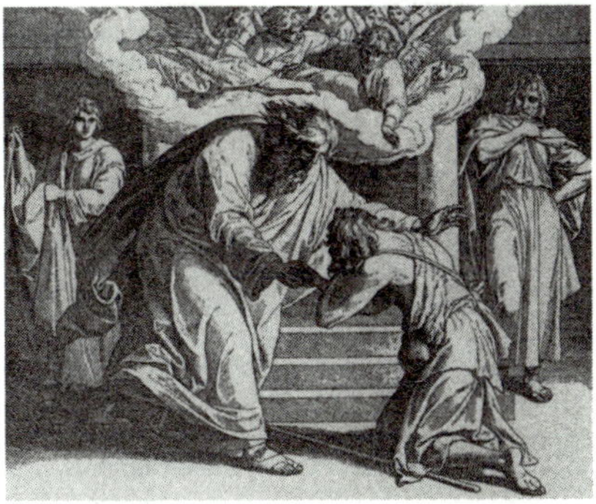

Schnorr von Carolsfeld, Die Heimkehr des verlorenen Sohnes (1860)

Darin verbirgt sich der alte Trost der Religion: Geschichten sollen gefälligst gut ausgehen. Zugegeben. Das riecht förmlich nach Kitsch. Nach Hollywood, Bollywood und Buchclub. Es gibt aber offensichtlich auch guten Kitsch. Darüber wird zu reden sein. Aber beunruhigen konnten die Geschichten natürlich auch. Absalom, der mit seinen Haaren im Baum hängen blieb. (Ein Bild, das meine Mutter missbrauchte, als ich mir zum ersten Mal die Haare lang wachsen lassen wollte, um in einer Schulaufführung den Huckleberry Finn zu mimen.) Oder Daniel in der Löwengrube. Der erste Dompteur.

Quellenkritik kam erst sehr viel später. Meiner Liebe zu den Geschichten tat das übrigens keinen Abbruch. Auch als Philologe kann man sich immer wieder von den Geschichten beeindrucken und notfalls – um ein wunderbar mürbes Wort zu gebrauchen – betören lassen.

3. Szene

Manchmal hilft die Ironie.

Zum Schillerjahr 2005 bot in einem Katalog des Hanser-Verlags die Firma Sanssouci Schiller & Goethe als Salz- und Pfefferstreuer an. Motto: »Auch Dichter haben nützliche Seiten«. Und so gibt es nun das praktische Dichterpaar für Ihren Esstisch: »Salzen Sie mit Schiller und pfeffern Sie mit Goethe.« Für smarte 12,50 €. Und ChoaXa vertreibt bis heute »Die Schillerbüste handgeschöpft aus reiner Lagenschokolade, in dreierlei Genussrichtungen, von erle-

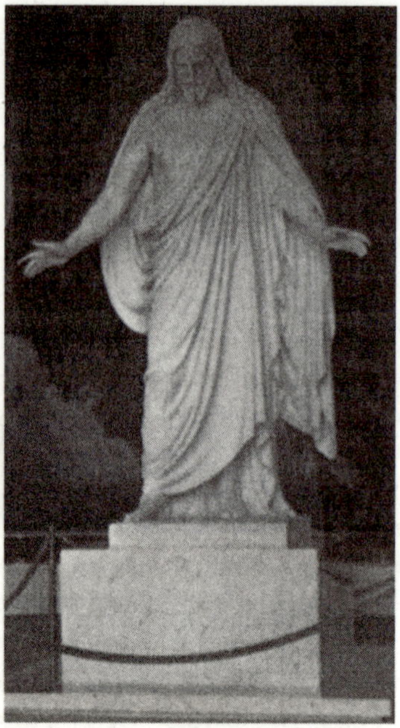
Bertel Thorvaldsen, Christus (1839)

senster Qualität.« Diese Helden kann man wenigstens essen. Zu irgendeinem Examen schenkte mir eine Verwandte, deren Besuche mich immer an die Figur des Sandmanns in E.T.A. Hoffmanns gleichnamigem Nachtstück erinnerten – sie hatte wirklich ein erdgelbes Gesicht und lachte meckernd – eine kleine Gipsfigur des Thorvaldschen Christus. Dieser Christus hat hartnäckig jeden Umzug überstanden. Gips kann sehr dauerhaft sein.

Meine Liebe zu Thorvaldsen ist heute erwachsen geworden. Sein *Christus* dient mir als Buchstütze. Noch so eine nützliche Seite.

1.2 Bearbeitungen

Es hat sich herumgesprochen, wie stark frühkindliche Prägungen auch die späteren Arbeiten steuern. Theorien fallen nicht vom Himmel. Es ist also kein Zufall, dass von den drei Helden meiner Kindheit Dürer und vor allem enge Freunde von Schnorr und Thorvaldsen in diesem Buch eine gewichtige Rolle spielen. Und diese Künstler gehören sogar sehr eng zusammen, denn Schnorr und Thorvaldsen zählten zu der Künstlergruppe der Nazarener, und die bezogen sich neben Raffael vor allem auch auf Dürer als ihren Übervater. Die Nazarener genossen bei den Kunsthistorikern keinen sonderlich guten Ruf. Sie galten lange als religiöse Kitschnudeln. Ich finde zu Unrecht. Doch dazu später.

Als Theologe nähere ich mich der Kunst selbstredend mit einem spezifischen Interesse. In diesem *Essay zur Ästhetischen Theologie* interessiert mich, wie bildende Künstler in *den prominenten*

Gesten ihrer Protagonisten und in der *Geste ihrer Malerei* eine *epochentypische Umgehensweise mit dem Heiligen* zur Darstellung bringen und damit einen überschaubaren Spielraum des Zusammenlebens erschließen, der auch in der Alltags-Kultur Gültigkeit besitzt.

Geste lautet also ein entscheidendes Stichwort.

Das deutsche Wort ›Geste‹ geht auf das lateinische ›gestus‹ zurück, das Partizip Perfekt von ›gerere‹ in der Bedeutung von ›machen‹, ›sich verhalten‹, ›handeln‹. Zumeist wird damit eine Bewegung des Körpers, *vor allem eine Bewegung der Hand* beschrieben. Vom lateinischen ›gestus‹ leitet sich ›gestire‹ ab und bedeutet: ein Gefühl sinnlich-körperlich ausdrücken, sich freudig gebärden, ein Gefühl der Freude darstellen.

Gleichermaßen spannend und aufregend ist die Frage, wie kontextabhängig das Verständnis von Gesten ist. Einfache, so genannte *ikonische Gesten*, die Emotionen ausdrücken (geballte Faust, Stirnrunzeln, erhobene Hände), haben eine relativ weite Verbreitung, *milieu-codierte Gesten* wie etwa die Gesten der französischen Hofkultur (Hofknicks, exaltierte Handgesten) oder *symbolische Gesten* (dazu zählt zum Beispiel das Aussenden von Friedenstauben) sind dagegen häufig über kulturelle Grenzen hinaus nicht verständlich, sondern auf Spezialwissen angewiesen (Gebauer, Wulf 1998, 81ff.; Huizing 2000-2004).

Innerhalb der *Kulturgeschichte der Geste* lassen sich bei genauerem Hinsehen drei Etappen signifikant unterscheiden. Die *antike Gestik* fand ihre Ausprägung in Kulten (prägnant im Dionysos-Kult) und dann in den großen Tragödien, diente der Aufführung und Kultivierung der *Affekte* wie Zorn und Hass etwa. Noch in den biblischen Szenen des jungen Rembrandt lässt sich, wie ich zeigen werde, ein Nachleben der Antike aufspüren. In der Antike hatte die Gestik allerdings noch einen zweiten Auftritt. Vor allem die antike Rhetorik entwickelte eine die Rede begleitende, zum Teil sogar ersetzende *Handgestik*, die ›Chironomia‹, die auch für die Maler der Renaissance, wie man an Dürer wunderbar einfach studieren kann, Relevanz besaß.

Erst die Entdeckung der Innerlichkeit im *Bürgertum*, die Ersetzung der antiken *Affekten-Lehre* durch eine *Theorie des Gefühls*, nötigte auch die Kunst dazu, die Gestik einem psychologisierenden Denkspiel anzupassen: Gesten inszenier(t)en in der Moderne die bürgerlichen Innenwelten in allen Schattierungen. Nicht zufällig entstanden im ausgehenden 18. Jahrhundert dickleibige Bände, die den Titel ›Mimik‹ trugen, exemplarisch bei dem Spätaufklärer und Popularphilosophen Johann Jakob Engel (vgl. Huizing 2004). Diese Bücher dokumentierten nicht zuletzt, wie die Schauspieler das *bürgerliche Trauerspiel* gestisch auf die Bühne brachten. Und sie strotzten vor Optimismus, im Rekurs auf die Gesten die wahren Gefühle des Bürgers zu entdecken.

Auch als man schließlich in der *Spätmoderne* einen Rückschluss von der Gestenlektüre auf das Innere aufgab, weil Gesten erlernt und zur Täuschung eingesetzt werden können und sich damit der Königsweg zum Inneren eines Menschen als dunkle Stiege erwies, blieb und bleibt bis jetzt die Aufgabe, den inszenierten *Eindruck* (nicht länger *Ausdruck*), den Menschen machen, zu beschreiben, um ihr Handeln zu deuten.

Die antiken *Affektgesten und Rhetorikgesten*, die bürgerlichen *Ausdrucksgesten* und die spätmodernen *Eindrucksgesten* werde ich an exemplarischen Beispielen diskutieren.

Ich rede von Geste, nicht von Gebärde. Häufig werden beide Begriffe in der Fachliteratur in einem Atemzug verwendet. Es gibt aber ein gutes Argument dafür, beide Begriffe zu trennen. »In der Gebärde ist das, was sie ausdrückt, wie wir zu sagen pflegen, da. Gebärden sind etwas völlig Leibliches – sie sind etwas völlig Seelisches. Da gibt es nicht ein Inneres, das sich von der Gebärde unterscheidet, sich in ihr verrät. Was die Gebärde als Gebärde sagt, ist ganz ihr eigenes Sein. Jede Gebärde ist daher auf eine rätselhafte Weise zugleich verschlossen. So viel sie verrät, so viel behält sie als ihr Geheimnis. Denn es ist Sein von Sinn, das in der Gebärde aufleuchtet, und nicht Wissen von Sinn. Sie ist, hegelisch gesprochen, substanziell, nicht subjektiv.« (Gadamer 1993, 327f.) Während die Geste also Inneres in einem geprägten, in Reflexion gründenden Handeln zum Ausdruck bringt, spricht in der Gebärde die nichtreflexive Unmittelbarkeit. Und vielleicht hat Gadamer Recht: Gebärden können nicht lügen. Und vielleicht werden sie deshalb in der Spätmoderne, die den Wahrheitsdiskurs durchaus nicht leichthändig verabschiedet hat, wieder attraktiv: bei dem Maler Francis Bacon etwa.

Natürlich habe ich auch einen Helden der Theorie. Auch den sucht man sich nicht einfach, sondern das eigene Okular filtert den aus, der der intuitiven Suchrichtung entspricht. Mein Held heißt Aby Warburg (1866-1929). Ich war nach der Lektüre der ersten klaustrophobischen Sätze von diesem Autor gefangen genommen. Die Addition von überbordendem Wissen und gebieterischem Schweigen erzeugt Enge. Die muss man als Leser aushalten. Man wird im Gegenzug reichlich belohnt.

Als Kunstwissenschaftler war Warburg Spezialist der florentinischen Renaissance und Gründer der später berühmten kunsthistorischen Bibliothek, die als Warburg-Bibliothek ins Gedächtnis Eingang gefunden hat. Die Legende besagt, er habe seinem Bruder sein Erstgeburtsrecht und damit die Leitung der Warburg-Bank abgetreten für die Zusicherung, Zeit seines Lebens so viele Bücher kaufen zu dürfen, wie er für seine kunsthistorischen Forschungen benötigte – eine Legende, die ich unbedingt glauben will. Nach seinem Tod, als die Bibliothek nach London umziehen musste, umfasste sie bereits über 60.000 Bände.

Vereinfachend gesagt, ist Warburg Gestenwissenschaftler. Lebenslang untersuchte er jene Gesten, in denen sich die maximale Ergriffenheit (durch das Heilige) ursprünglich darstellt. Seine Einflussforschung hat zeigen können, wie diese antiken Gesten bei den Malern der Renaissance christlich umgeprägt wurden. Diese überaus faszinierende Umprägung oder Umwidmung markiert eine der wenigen Revolutionen innerhalb der Kunst- und Kulturgeschichte. Das Christentum in der Spielart der Renaissance hat die antiken Gesten übernommen und gleichzeitig humanisiert: Ideenklau und Neufokussierung in einem Schritt.

Mit einem Kapitel über Aby Warburg, einer tiefen Verbeugung vor seiner Denk- und Sehleistung, beginne ich meinen Streifzug durch die Kunstlandschaft der italienischen Renaissance. Wie hat sich das Nachleben der Antike dargestellt? Ich verfolge diese Spur weiter: *Wie haben in anderen Epochen Maler das Ergriffensein durch das Heilige ins Bild gesetzt? Welche Gesten wurden epochentypisch? Wie wird eine Transzendenzerfahrung inszeniert? Und: Wie kommuniziert sich Religion durch das Bild?* Weitere Stationen, um diese Fragen zu beantworten, sind unter anderem Dürer, Rembrandt, Caspar David Friedrich, die Nazarener, der Expressionismus Franz Marcs, Picasso, Bacon.

Ein Kapitel ist der gegenstandslosen Malerei Piet Mondrians vorbehalten. Das mag zunächst überraschen. Aber auch in der gegenstandslosen Malerei verbirgt sich eine Geste. Auch gegenstandslose Maler erzählen, zum Teil sehr beredt, eine gestische Geschichte. In seinem Roman: ›Sucht mein Angesicht‹ lässt John Updike seine Protagonistin, die ehemalige Frau eines Malers, der an Jackson Pollock erinnert, sagen: »›Rückblickend‹, gesteht Hope, ›ist es kaum zu begreifen, warum wir alle so herabgesehen haben auf Gegenständlichkeit, so die Nase über sie gerümpft haben – Malerei sollte eins nicht sein, *anekdotisch*, das war das Schreckenswort, Clem war jedes Mal ganz außer sich, wenn er nur daran dachte, er brauchte dann immer noch einen Drink, um sich zu beruhigen, und Hochmann genauso, höhnisch und verachtungsvoll auf eine Weise, wie Deutsche sie haben, wenn sie gern etwas von der Bildfläche verschwinden lassen würden, aber ich frage mich jetzt, ob nicht alle Malerei anekdotisch ist, eine Geschichte, die der Maler erzählen möchte. Was er nicht tun wird, was er ganz bestimmt tun wird, was er unbedingt ausprobieren will, was er tief aus sich herausholt, hin zu einer, wie soll ich sagen, einer höchsten Ordnung, vielleicht so. Die Leinwand ist ein Abenteuer, Clem hatte in dem Punkt Recht, und der Künstler ist der Abenteurer, der, während er unterwegs ist, eine Geschichte erzählt.‹« (Updike 2005, 226) Welche (religiöse) Geschichte erzählt also der Holländer Piet Mondrian?

Abschließend folgt ein kurzer Seitenblick auf die bewegten Bilder, genauer: die Gestenfolgen der künstlerischen Aktionen. Gesten haben, das liegt in ihrer Natur, immer den Drang zu bühnenmäßiger Darstellung. Dort kommen sie nach Hause. In meinem Fall nach Österreich. Bei dem Aktionskünstler Hermann Nitsch werden sie heimisch-unheimlich.

Ich möchte zunächst mit Warburg die Umdeutung der Gesten der ängstlichen Ergriffenheit in Gesten der Zuwendung, der Heilung, des Trostes – ich nenne sie *diakonische Gesten oder Güte-Ges-*

ten – in außerordentlichen Bildwerken der Renaissance inventarisieren. Diese Güte-Gesten versinnlichen Emotionen, die auf eine Humanisierung des irdischen Lebens zielen. Andere Epochen haben ganz andere religiöse Emotionen bedient. Caspar David Friedrich etwa glaubte seine Idee des Christlichen überhaupt nicht im Rückgriff auf das Archiv der christlichen Ikonographie abbilden zu können. Seine zentrale religiöse Emotion im Endlichen eins zu werden mit dem Unendlichen, fand eine angemessene Darstellung in der Geste sehnsuchtsvoller *freundschaftlicher Umarmung* – eine Geste, die auf den ersten Blick vielleicht gar nicht als religiöse Geste identifizierbar ist. Zu den feinen Ironien der Kulturgeschichte zählt es, dass die feindlichen Brüder Caspar David Friedrichs, die Nazarener, im bewussten Rekurs auf die christliche Ikonographie ebenfalls diese Gesten der freundschaftlichen Umarmung wählten und um die elementare Geste der *dialogischen Zuwendung* ergänzten.

Die gestische Kultur christlich-religiöser Bildfindung versammelt sich nach meiner Einschätzung also in zumindest drei basalen Gestenfeldern, die anschließend immer neu variiert werden: diakonische, freundschaftliche (erotische) und dialogisch-diskursive Gestenfelder. Nicht über eine Hintertreppe, sondern durch die großen Bildsäle nähere ich mich damit der Frage nach dem »Wesen des Christentums«. *Wie also steht es um den Orbis pictus christlicher Gestik und Lebensführung? Wie zeigt sich in den Bildern das epochentypische Wesen des Christentums?* Gegen essentialistische Sprachformen wie der Rede von dem (einen) Wesen des Christentums spreche ich lieber von epochentypischen Ausprägungen oder von »Erscheinungsformen des Christentums« (Buntfuß 2004).

Wie einen Spaziergang durch eine Ausstellung habe ich das Buch angelegt. Über die Auswahl der Künstler kann man streiten. Ich habe mich auf wenige Klassiker eingelassen, die häufig auch schriftlich eine Verhältnisbestimmung von Kunst und Religion festhielten, die immer nachdrücklicher mit der Frage rangen, wie sich ihnen das Heilige zeigt, und die nicht selten wenig bescheiden mit ihrer Kunst Menschen erlösen wollten, erlösen von der Gewalt, der Einsamkeit, der Fragmentierung, der sozialen Kälte, vom

Leid: Die Erlösung der Welt durch die Kunst und der Künstler als exemplarischer homo religiosus! Ob mit diesem Anspruch nicht die Kunst überfordert ist, wird zu diskutieren sein.

Persönliche Vorlieben für bestimmte Maler habe ich zurück gestellt. Und meine Beschränkung auf das Christentum (vgl. auch Goecke-Seischab, Harz 2004; Rombold 2004, Stock ab 1995; Schwebel 2001) und die Granden der europäischen Malerei muss ebenfalls nicht endgültig sein. Dieser Essay markiert einen ersten Zugriff auf ein großes, von einer Person gar nicht zu bearbeitendes Projekt. Theologische Noten zur bildenden Kunst. Mehr nicht. Ich bin kein Kunsthistoriker. In der Interpretation habe ich mich deshalb jeweils an Spezialisten (vgl. besonders Rehm 2002, 2004, Roodenburg 2004) orientiert, die meiner Suchrichtung nahe kommen.

Eine knifflige Frage drängt sich auf. Ist der Protestantismus nicht rigide dem Wort und dem Hören verpflichtet? Und deshalb: Eine Theologie des Bildes in protestantischer Perspektive, kann es die geben? Findet die Entdeckung der Innerlichkeit des Gemüts im Protestantismus nicht einzig ihre wahre Erfüllung in der gegenstandslosen Malerei des Protestanten und Vorzeige-Calvinisten Mondrian? Neigt der Protestantismus nicht zwangsläufig zur Bildskepsis, zum latenten oder sogar wenig verschwiegenen Ikonoklasmus?

Dieser Eindruck kann leicht entstehen. Und theologische Arbeiten zur Kunst haben diesen Eindruck oft bestätigt. (Inken Mädler inventarisiert Typen theologischer Herangehensweisen an das Thema, 1995.) So eindeutig ist die Sachlage aber nicht. Menschen können »nichts ohne bilde denken noch verstehen«, schärfte bereits Luther in seiner Osterpredigt von 1533 ein. In seiner spannenden Studie hat der Kunsthistoriker Werner Hofmann (1983) die Autonomie der Kunst prompt Luther gut geschrieben und gezeigt, dass Luther sich den Bildern gegenüber gleichermaßen tolerant und indifferent verhielt. Sie seien an sich weder gut noch böse, sondern gemessen werde ihr Wert an der Bildwirkung im Betrachter, der sich den Bildern gegenüber öffnen könne, aber nicht müsse. Die Kunst bleibt in der Spur Luthers also der individuellen Aneignung überlassen. Das letzte Wort hat der Interpret.

(Ob diese Einschätzung auch für den Genfer Reformator Calvin gelten kann, wäre eine spannende Frage an den Interpreten Hofmann. Calvin war entschieden weniger bilderfeindlich, als zumeist behauptet wird.)

Die Geschichte des Bildes *vor* dem Zeitalter der Kunst wird in diesem Essay nicht eigens, allenfalls am Rande, zum Thema gemacht. Hans Belting hat in zwei großen Studien: »Bild und Kult« (1990) und jüngst in »Das echte Bild. Bildfragen als Glaubensfragen« (2005) die Frühgeschichte einer christlichen Bildtradition nachgezeichnet: Wie etwa hat man sich die Genese des als authentisch ausgegebenen Christusbildes vorzustellen, wo es doch keine definitiven Auskünfte über die Physiognomie Jesu gab? Oder: Wie hat der Außendruck konkurrierender schriftfixierter Religionen wie der Islam den Ikonoklasmus im Christentum befördert? Spannende Fragen, die hier leider abgeschattet bleiben müssen.

Ich zitiere in diesem Essay auch immer wieder Autographen jener Jahre, um das Zeitkolorit und die Mentalität einzufangen. Die Theorie kommt im Spaziergang selbst zur Darstellung. Sie soll Phänomene beschreiben und verstehen helfen. Nicht mehr und nicht weniger. Gustave Flaubert, der mir unter den Schriftstellern einer der liebsten ist, hat in einem Brief an Léon Hennique vom 2./3. Februar 1880 geschrieben: »Das Wahre gibt es nicht! Es gibt nur verschiedene Arten des Sehens.« Ich biete auch nur eine Sicht der Dinge an. Hinterher kann man über diese Sicht diskutieren. Am besten in geselliger Runde.

Nicht der unwichtigste Ort in den Museen ist schließlich das Museums-Café.

2. Die Bibliothek der Gesten

2.1 Freundliche Übernahme

Auch als Theologe muss man flanieren. Sonst wird man zum Stubenhocker. Mit verkümmerten Beinmuskeln. Von totinterpretierten Büchern auf ewig eingemauert.

Innerhalb der Gelehrtenrepublik gehört es inzwischen zum Stadtklatsch, dass die Theologie die Lagerhaltungskosten für lange nicht marktgängige Themen trotz solidester Haushaltsführung nicht mehr aufbringen kann. Im Zuge einer freundlichen – selten feindlichen – Übernahme werden seit etwa zwanzig Jahren vergessene, achtlos und verwahrlost liegen gelassene Themen fröhlich in anderen Instituten bearbeitet: das Heilige beispielsweise, die Religion, der Bilderstreit, jüngst vor allem die Medien – obwohl doch das Christentum auf die Differenz von schriftlichen und mündlichen Medien und die Bedeutung der Heilsmedien geeicht war. Ein post-calvinistisches Phlegma, vielleicht auch provinzielle Süffisanz haben diese Entwicklung befördert. Die mentale Dauerkrise lässt sich nur therapieren, wenn auch die Theologie sich in der Gelehrtenrepublik umschaut – nicht um abgelegene dogmatische Topoi durch entlehnte Theoriestreben zu stützen, sondern um Wahrnehmungsweisen zu lernen, die das Potential der Christentumsgeschichte zu heben verstehen.

Flanieren also.

Ich habe mich bei dem Kunst- oder vielleicht besser Gesten-Wissenschaftler Aby Warburg umgesehen. Was eine leibfreundliche Theologie von Warburg lernen kann, ist nichts Geringeres als die »Bildersprache der Gebärde« (Warburg 2000, 5; Warburg trennt leider nicht scharf zwischen Gebärde und Geste). Bisher sind die Potentiale dieses Ansatzes innerhalb der Theologie kaum gehoben. Erinnert wird allenfalls, dass der berühmte protestantische Theologe Adolf von Harnack zu den begeisterten Lesern, Hörern und Gästen Warburgs zählte. Warburg selbst hat die Begegnungen ein wenig spöttisch kommentiert. »Am 26. (12.1928,

K.H.) Harnacks und Brauer zum Abendessen. An Harnack gefiel mir, daß er im Berliner Lesesaal den Platz des ›Dümmsten‹ (Auskunft, Lesesaal) so gerne ausgefüllt hat. Ohne Zweifel ernst zu nehmen, aber keinen d. Maßstab für seine Grenzen. Die Frau von den heimlichen Schätzen ihres blonden Innenlebens erfüllt und nicht ungern vieles verschweigend beobachtend dabei.« Und weiter: »Abends Brauer und das Harnack-Ehepaar. Mich erstaunt (und erfreut) immer wieder, daß sie so anders sind als sie aussehen. Haben offenbar sehr viel von dem Abend gehabt. Glaube, daß die Zurückhaltung der Frau mehr vorsichtiges, vielleicht etwas skeptisch-nüchternes Zuwarten ist, als Überheblichkeit im Bewußtsein eigener innerer Schätze.« (Warburg 2001, 388, 389) Kaum bekannt allerdings ist, dass Warburg und vor allem sein Schüler Edgar Wind sich sehr intensiv mit Schleiermachers Ästhetik beschäftigt haben (Huizing 2004). Flaneure auch sie.

Man kann noch gar nicht ganz überblicken, was die Theologie von Warburg, der einem jüdischen Bankiers-Milieu entstammte, im protestantischen Hamburger Bürgertum sozialisiert wurde und sich in der bildersatten, ursprünglich katholischen Renaissance zuhause fühlte, alles lernen kann. Aber allein der Klang seiner Königsvokabel lässt den Theologen sofort aufhorchen: *Pathosformeln.*

2.2 Warburgs Königsvokabel: Pathosformeln

Ins Gedächtnis der Gelehrtenrepublik eingeschrieben hat sich Aby Warburg durch diesen Titel. Als ›Pathosformeln‹ (Port 1999, 2001) bezeichnete Warburg zunächst den Vorrat von »Ausdrucksformen des maximalen inneren Ergriffenseins«, wie sie in der antiken Kunst anfänglich verdichtet wurden und als Nachleben der Antike bis heute, bis in die Werbung hinein, neue Bildfindungen steuern. In der Einleitung zum berühmten ›Mnemosyne-Bilderatlas‹ – dieser Atlas will wie ein Bilderbuch diese Tradierung von Gesten des maximalen Ergriffenseins in der Kunst bis hin zur Werbung sinnfällig machen – heißt es dazu in der nicht leicht zugängigen Diktion von Warburg: »In der Region der orgiastischen

Massenergriffenheit ist das Prägewerk zu suchen, das dem Gedächtnis die Ausdrucksformen des maximalen inneren Ergriffenseins, soweit es sich gebärdensprachlich ausdrücken läßt, in solcher Intensität einhämmert, daß diese Engramme leidenschaftlicher Erfahrung als gedächtnisbewahrtes Erbgut überleben und vorbildlich den Umriß bestimmen, den die Künstlerhand schafft, sobald Höchstwerte der Gebärdensprache durch Künstlerhand im Tageslicht der Gestaltung hervortreten wollen.« (Warburg 2000, 3) Der Begriff des Engramms geht zurück auf den Biologen Richard Semons. Reize, so die These, verursachen in der organischen Substanz eine Einschreibung (Engramm). Diese Engramme speichern eine in der Latenz verbleibende Energie, die durch eine Wiederholung des Reizes neu ausgelöst werden kann. Muskeln üben also eine »Gedächtnisfunktion« aus, und oft sind es die gleichen Muskeln, die eine physische und eine mimische Funktion auslösen (vgl. Raulff 2003).

Nicht unsympathisch, wie noch bei Warburg ganz unterschiedliche Wissenschaften unbeschwert kommunizieren. Ich werde zwar viele der Warburgschen Überzeugungen nicht teilen, und doch lässt sich seine Einflussdiagnostik für meine Sicht der Dinge fruchtbar machen. Auch wenn man die einfühlungspsychologische Verknüpfung von innen und außen heute für problematisch hält, bleiben Grundeinsichten von Warburg in Kraft.

Wenn Warburg von Pathos*formeln* spricht, dann deutet er damit an, dass es sich hierbei um Bildfindungen handelt, die einen bereits *besonnenen* Umgang mit leidenschaftlicher Erfahrung beschreiben, oder, wie sein kongenialer Schüler Gombrich pointiert: um ›ritualized gestures‹. »I should like to propose as my principal hypothesis that as far as gesture is concerned the schema used by artists is generally preformed in ritual and that here as elsewhere art and ritual, using the word in its narrow cultural sense, cannot easily be separated.« (Gombrich 1966, 398)

Immer am ›bewegten Leben‹ interessiert, verfolgt Warburg diese ›wilden Energien‹ (Raulff 2003, Villhauer 2002) und ihre ›Bearbeitung‹ und ›Zähmung‹ in Bildprozessen. Die antiken Ausdrucksgebärden und ihr Nachleben speichern als symbolische Formen den *dramatischen Konflikt von Angst und Angstkontrolle.*

Um diese Polarität seelischen Ausdrucks geht es in Warburgs Studien, ein Gedanke, der in der Geschichte der Ästhetik – man denke natürlich an Nietzsches Gezweit des Dionysischen und Apollinischen, das bei Warburg als Gezweit der phobischen Entfesselung und Bändigung aufersteht – nicht unbekannt ist. Treffend fasst Gombrich die Intention Warburgs, der einen zwar nicht linearen, aber doch nachweisbaren *Entdämonisierungsprozess* in der Kulturgeschichte ausmacht, zusammen: »Nicht sich unmittelbaren phobischen Reaktionen ausliefern, sondern die Zeitspanne der Reflexion ausdehnen: das ist das Ziel wahrer Kultur.« (Gombrich 1992, 322; vgl. Warnke 2002)

Pathosformeln also: hier spiegelt sich letztlich auch Warburgs persönliche psychologische Disposition wider, denn viele Jahre verbrachte Warburg – wohl nicht zufällig nach dem Untergang des Kaiserreichs – mit einer manisch-depressiven Psychose in einem Sanatorium unter Leitung von Ludwig Binswanger; unter seinen Texten spürt man förmlich die brodelnde Angst, das macht die Lektüre dieses Autors so anregend und aufregend.

Nun wird die Polarität von Angst und Angstkontrolle, die in den Pathosgesten zur Darstellung kommt, in spezifischen Kontexten und abhängig von vorherrschenden Deutungs- und Machtinteressen häufig mit einer Tendenz ausgetragen. So viel wird man anhand des auch von Warburg (1998) vorgestellten Bildmaterials sagen dürfen, dass in christlichen Bildfindungen eine Tendenz zur Pietà- und Barmherzigkeits-/Heilungs-Gestik vorherrscht. Archaische Gesten werden mit einer Tendenz zur Humanisierung umgedeutet. Noch einmal der kongeniale Interpret Gombrich: »Warburgs Untersuchungen zur konkreten Geschichte klassischer ›Engramme‹ ließen ihn aber auch an eine andere Form der Rezeption denken: an eine Neuinterpretation. Der Künstler, der die gefährlichen thiasotischen (von thiasos = im Zug des Dionysos, K.H.) ›Superlative‹ verwendet, kann sich auf die ganze Energie dieser Symbole stützen, ohne deshalb ihrer archaischen Geisteshaltung verfallen zu müssen. Er kann sie in einem anderen Zusammenhang verwenden, ihren ursprünglichen wilden Sinn ›umkehren‹ und doch aus ihrem Wert als Ausdrucksformeln einen Gewinn ziehen. Auf diese Weise hatte Bertoldo di Giovanni eine

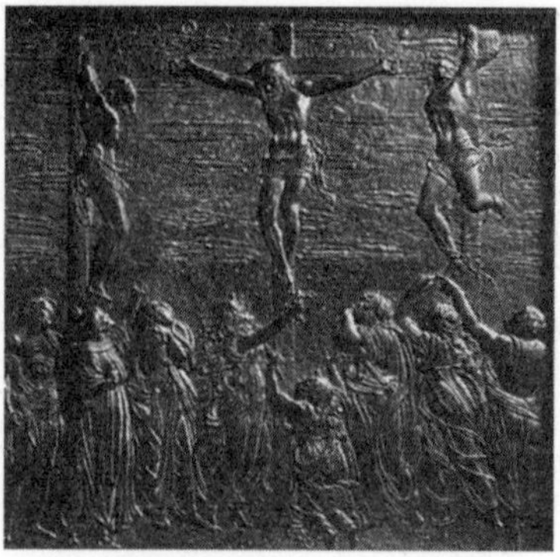

Bertoldo di Giovanni, Kreuzigung (um 1485-1490)

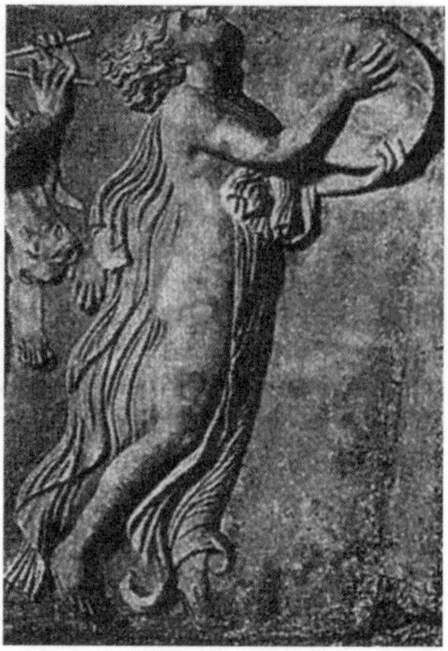

Mänade von einem neu-attischen Relief

heidnische Mänade (rasende Frau im Dionysos-Kult, K.H.) als Vorlage benutzt, um den leidenschaftlichen Schmerz der Magdalena unter dem Kreuz auszudrücken, und Donatello hatte nach Warburgs Ansicht ein Sarkophagrelief, auf dem Pentheus von Mänaden in Stücken gerissen wird, für seine eigene Komposition im Santo in Padua verwendet. Wo heidnische Ekstase ein von rasenden Frauen abgeris-

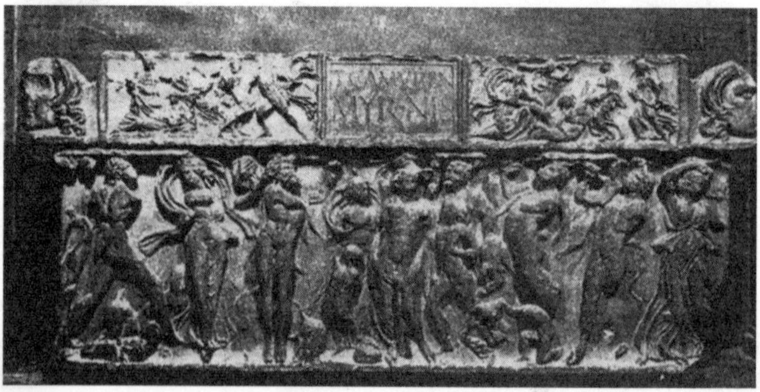

Bacchus-Sarkophag mit Mänaden, Pentheus tötend

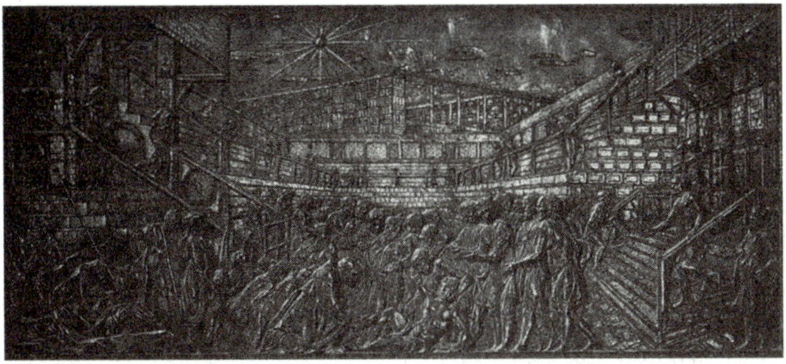

Donatello, Beinwunder des hl. Antonius (1446-1448)

senes Bein abgebildet hatte, da ›invertiert‹ der christliche Künstler nun das Motiv und verherrlicht die Heilung eines gebrochenen Beins.« (Gombrich 1992, 334, Port 2002)

Aber auch das trifft zu. Die von Warburg im Unterschied zu den griechischen Pathosformeln der *Tragik* herausgestellten römischen Pathosformeln des *Triumphes* haben ihren Niederschlag in Bildwerken gefunden, die den Sieg des Christentums über das Heidentum in erstaunlicher Brachialität, mit »imperatorische(m) Pathos« (Warburg 2000, 4) ausgestattet, zur Darstellung bringen. Die auf einem Lederschild Andrea del Castagnos dargestellte Triumphgebärde Davids etwa ist eine Umdeutung oder Inversion eines antiken Bildwerkes, nämlich die Umdeutung der ursprünglichen Schutzhaltung eines Pädagogen der Niobiden (Warburg 1998, 449), der sich vor den Pfeilen von Apollo und Artemis schützen will. Niobe hatte sich gegenüber Leto ihres Kinderreichtums gerühmt und musste diese Hybris

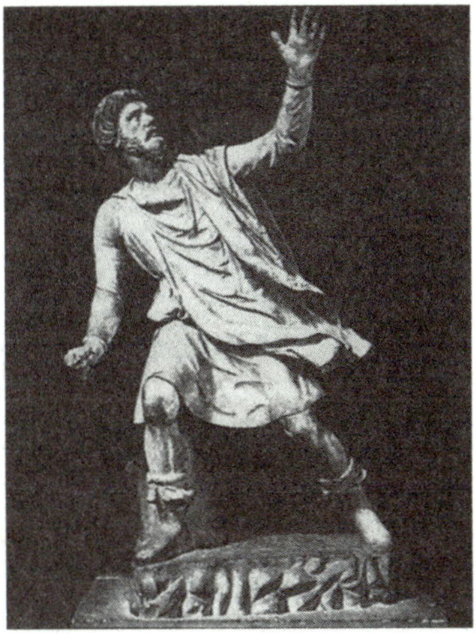

Pädagoge aus der Niobidengruppe

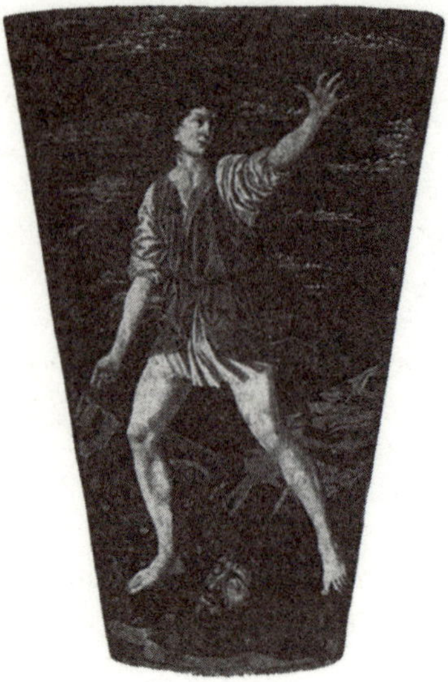

Andrea del Castagno, David (auf einen Lederschild gemalt, um 1450)

mit dem Tod der Kinder büßen. Sie selbst erstarrte zu Stein.

Die in den Gesten gespeicherten kulturellen Energien sind, so möchte ich sie mit einem Ausdruck von Schmitz nennen (Schmitz 1995), Bewegungssuggestionen, die den Betrachter zu einer Einleibung der Gesten stimulieren. Eine der Hauptthesen dieses Essays lautet: *Bilder, die diese Energien gespeichert haben, handeln am Betrachter.*

Giorgio Agamben hat in seinen ›Noten zur Geste‹ treffend dafür plädiert, Warburg nicht als Bildwissenschaftler im engen Sinne zu deuten, sondern als Gestenwissenschaftler, der sich am Medium des bewegten Bildes, des Kinos orientiert: »Weil diese Studien sich im Medium der Bilder verwirklichten, glaubte man, das Bild sei auch ihr Gegenstand. Warburg indes machte das Bild (...) zu einem entschieden historischen und dynamischen Element. In diesem Sinne ist der unvollendet hinterlassene Atlas Mnemosyne mit seinen tausend Fotografien kein unbewegliches Bilderrepertoire, sondern eine Repräsentation der Gesten der abendländischen Menschheit (...) in virtueller Bewegung. (...) innerhalb jedes Abschnitts müssen die Bilder eher als Einzelbilder eines Films gesehen werden, denn als autonome Realitäten.« (Agamben 2000, 57)

2.3 Theologische Annäherungen

Nochmals: der Kontrastbegriff der Pathosformel(n) beschreibt den besonnenen Umgang mit leidenschaftlicher Erfahrung. Im Vorwort des Mnemosyne-Atlas fordert Warburg entsprechend, man solle »Sophrosyne und Ekstase (...) in der organischen Einheitlichkeit ihrer polaren Funktion bei der Prägung von Grenzwerten menschlichen Ausdruckswillens« (2000, 4) begreifen. In Darstellungen von Demutsgesten etwa muss der *Kampf* noch ablesbar sein und die Darstellung starker Gebärden muss als *Formgebung* der Leidenschaft erkennbar bleiben.

Theologen und Religionswissenschaftler werden sich bei diesen Beschreibungen an Rudolf Ottos theologischen Bestseller ›Das Heilige‹ (1917) erinnert fühlen, der das Heilige durch die berühmte Formel *mysterium tremendum et fascinans, als Geheimnis, das gleichermaßen fasziniert wie erschreckt*, benennt. (Offenbar haben Otto und Warburg nur sehr begrenzt voneinander Kenntnis genommen.) Über die einseitige Auszeichnung der Angst in der Betroffenheit durch das Heilige bei Warburg wird man in der Spur Ottos streiten können. Archäologische Festschreibungen sind immer problematisch. Im Moment des Fascinosums denkt Otto zumindest einen Moment von *Gabe* mit. Warburgs Stärke besteht darin, zeigen zu können, dass der *religiös-kulturelle Prozess der Entängstigung und Affektbindung im Christentum noch einmal eine markante Beschleunigung erfährt.*

An dieser Stelle füge ich mein Lieblingszitat ein. Es ist schon etwas verschlissen, strahlt aber noch immer. Der große Stoa-Forscher Max Pohlenz hat diesen Mentalitätswandel sehr genau beschrieben. »Als die stärkste religiöse Macht erwies sich das Christentum. (...) Es erwies vor allem durch die Tat, daß es eine viel wirksamere ›Lebenskunst‹ war als die alte Philosophie. Aus ehrlicher Überzeugung reden die Apologeten stolz davon, daß bei den Christen ein ›Neues Leben‹ herrsche; und namentlich die aus dem Herzen quellende werktätige Nächstenliebe, die den Armen und Kranken, den Witwen und Waisen in ihrer Not beisprang, war wirklich etwas Neues, auch gegenüber der brüderlichen Zuneigung der Stoa, die praktisch nicht voll zur Auswirkung kam, weil sie durch die theoretische Überzeugung gehemmt wurde, daß es auf die Außendinge für die Menschen nicht ankomme und er auch im materiellen Elend glücklich sein könne.« (Pohlenz 1950, XXIV; vgl. Markschies 2004)

Im Hintergrund steht die integrale Wahrnehmung des Menschen aus Fleisch und Blut, die durch die Fleischwerdung des Heiligen in Jesus Christus überhaupt erst möglich wurde. Über diesen dadurch eingeleiteten Entängstigungsschub kann ich hier nur einiges andeuten. Das Christentum, so meine Heuristik, ist vor allem in den Gleichnissen des Erzählers Jesus von Nazaret *Tragödienkritik* (Huizing 2004, Krause 2006). Es markiert das Ende einer blinden Gewalt und die Zuwendung zum konkreten, unendlich wertvollen Einzelnen. Der französische Religionsphilosoph René Girard hat, ein durchweg sympathischer Gedanke, das Ende der Gewalt in der Durchbrechung des Sündenbockmechanismus durch Christi Tod ausgemacht, weil Christus ein unschuldiges Opfer ist und er Rache ausdrücklich verbietet (Girard 2002, 2005). Auch die Intuition Girards ließe sich anhand der Revolution der Bilder verifizieren. Beide Lesarten zielen, so denke ich, auf den gleichen Punkt: *Die Entängstigung und Affektbindung der archaischen Kultur durch das Christentum.*

Milde erstaunen muss, wie die Wirkkraft dieser lebenspraktischen Gesten, die indirekt zu einer Schließung der philosophischen Akademie in Athen führte, erst nahezu tausend Jahre später durch die Wiederentdeckung der Antike in der Renaissance zu neuen gestischen Darstellungen umgeformt wurde. Offensichtlich hat das neue Körper- und Lebensgefühl, die Entdeckung des Menschen in seinen irdischen Dimensionen, eine Aufgeschlossenheit für Leidenschaften und das darin eingespeicherte Leid bewirkt. Und offensichtlich glaubte man die neue Lebenserfahrung am besten im Rückgriff auf einen Gestenhaushalt zu deuten, den die christliche Antike bereit stellte. Es gehört zu den großen Lebensleistungen von Warburg, diese Anverwandlung aufgespürt zu haben.

Für die Warburg-Lektüre (und die Rezeption) ist oft erschwerend, dass Warburg nicht nur die extreme Gebärdensprache auf ihre strukturelle Entdämonisierung hin befragt, sondern auch demonstrieren will, wie Aberglaube und Sternenkunde (Warburg zeigt, dass sich auch in den Sternensymbolen die heidnische Antike gespeichert hat) an der Entdämonisierung des Kosmos beteiligt sind. Diese Thesen sind von einigem Gewicht. Warburgs Abhandlung ›Heidnisch-antike Weissagung in Wort und Bild zu Luthers Zeiten‹ (1918/1920) dürfte für die Theologie mindestens so interessant sein, wie die sehr fruchtbare Luther-Lektüre des Kunsthistorikers Werner Hofmann.

Ebenso interessant, anregend und aufregend, ist die These Warburgs, dass Naturwissenschaftler wie Kepler zur Entdämonisierung beigetragen haben. Für die Eliten jener Zeit mag das stimmen. Andererseits hat die Dezentralisierung des Menschen durch Kepler auch Anlass zu neuen Ängsten gegeben. Es dauerte lange, bis breite Trägerschichten die Entdeckungen durch Kepler als Entängstigung deuteten. Nicht zufällig waren es Vertreter der Elite, die jetzt auf Spurensuche gingen, um die von den Naturwissenschaftlern entdeckte neue Ordnung in der konkreten Lebenswelt, an Bäumen, Fliegen, Fischen aufzusuchen. Ins kulturelle Gedächtnis hat sich diese Bewegung als *Physikotheologie* eingeschrieben.

So wird man Warburgs Intuition konkretisieren müssen: Die Physikotheologie ist die Urbanisierung von Keplers Tat der Entdämonisierung. Unterschwellig hat sich die Physikotheolgie bis in die Romantik hinübergerettet. Caspar David Friedrich etwa glaubte im Anschluss an Überlegungen Friedrich Daniel Ernst Schleiermachers in einer physikotheologischen Bebilderung der Naturgesetze einen entängstigten, nämlich *andächtigen* Umgang mit dem Heiligen zeigen zu können. In markanten Brechungen wiederholt diese Idee Franz Marc. Eine Folge dieser Entdämonisierung ist es, dass die Erfahrung des Heiligen zunehmend in Gesten der Andacht zum Ausdruck kommt. Das lässt sich bereits an Dürer zeigen, der die Antike nach Nürnberg transportierte.

In der verrätselten Diktion und Stilistik und der eigenwilligen Zeichensetzung des ›Tagebuchs‹ heißt es bei Warburg zu Dürer in einer Eintragung vom 16.IV.28: »Mit meiner Auffassung von der Pathosformel bin ich dagegen absolut noch nicht durchgedrungen. Das liegt an der ängstlichen Disposition; Anstatt Dürer zu zerspalten ihn etwa zuerst mit Mantegna dem Bacchanten zusammen zu sehen, sodann mit Mantegna dem Musenfüher (Kartenspiel) und schließlich für sich als Mitgestalter des Weltenspieglers Campagnola (unter anderem) Mit anderen Worten: seine Überwindung des Kosmischen Daemonismus durch Faust, selbständig zu behandeln, habe ich den Schein der nur rahmenhaft gegebenen Einheitlichkeit vorgezogen. – ▶**Bing** Sehr möglich! Daher auch immer mein Gefühl, daß, auf diese Weise vorgebracht, der Tod des Orpheus ein unorganisches Stück Dürerbiographie ist.

Allerdings gehört (...) das ganze Luthermaterial hinzu und die schließliche Überführung der dämonischen Symbole in die Symbolik der abstrakten Gesetzmäßigkeiten bei Kepler. Man vermißt sonst für den Norden eine Befreiung vom Monstrum, die der ›Humanisierung‹ der Götter in Italien analog wäre. ◀▼**Warburg** richtig; (...)

Solange College Bing Dürers Verhältnis zur italienischen Antike nicht als europaeisches Ereignis empfindet, habe ich mich nicht klar genug ausgedrückt. (...)

Wir müssen nach Nürnberg!▲« (Warburg 2001, 239f.)

Also los.

3. Dürers Handgesten

3.1 Fränkische Antike

»Ich wollt, daß Ihr hier zu Venedig wärt, es sind so viel ärtiger Geselln unter den Walhen (Händler, K.H.), die sich je länger je mehr zu mir gesellen, daß es ein am Herzen sanft sollt tan: vernünftig, gelehrt, gut Lautenschläher, Pfeiffer, verständig im Gemäl und viel edler Gemüt, recht Tugend von Leuten, und tunt mir viel Ehr und Freundschaft. (...) Ich hab viel guter Freund unter den Walhen, die mich warnen, daß ich mit ihren Moleren nicht eß und trink. Auch sind mir ihr viel feind und machen mein Ding in Kirchen ab und wo sie es mügen bekummen. Noch schelten sie es und sagen, es sei nit antigisch Art, dorum sei es nit gut.« (Dürer 1978, 104)

Dürer (1471-1528) ist zum zweiten Mal – nach 1494/1495 – in Italien. Venedig! 1506. In diesem Jahr entstehen einige seiner großen Arbeiten: *Das Rosenkranzfest, Madonna mit Zeisig, Christus unter den Schriftgelehrten.*

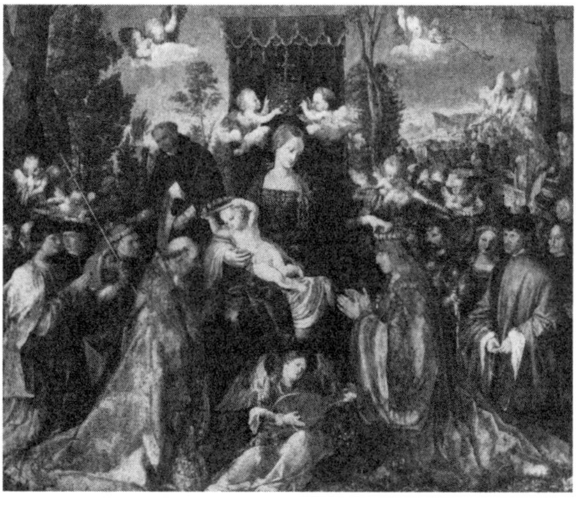

Albrecht Dürer, Das Rosenkranzfest (1506)

Findet während dieser zwei Reisen also der epochenschwere Kulturaustausch zwischen Italien und Nürnberg statt? Ist Dürers Verhältnis zur italienischen Antike wirklich ein europäisches Ereignis? Und wie ist der Vorbehalt der italienischen Maler in der Briefstelle zu deuten, Dürers Malerei sei nicht antikisch genug?

Warburgs These lautet, dass im Werk Dürers die *Pathosformeln*, also die Gesten einer maximalen Ergriffenheit, einen markanten, wenn auch nicht unbedingt den wichtigsten Einfluss hinterlassen haben. Bei einem zunächst oberflächlichen Blick auf die dürersche Bildwelt vermag die These nicht wirklich zu überzeugen. Die Vorbehalte, die Warburgs Mitarbeiterin Bing erhob, sind mehr als nachvollziehbar. Die *Superlative der Gebärdensprache* finden sich zunächst auffällig nur in wenigen bekannten Arbeiten von Dürer wieder, zunächst im *Tod des Orpheus* (1494). Orpheus, so geht die Sage, war der Sohn der Muse Kalliope und des Apollo, ein hochberühmter und offenbar auch hochbegabter Saitenspieler und Sänger, der wilde Tiere und so-

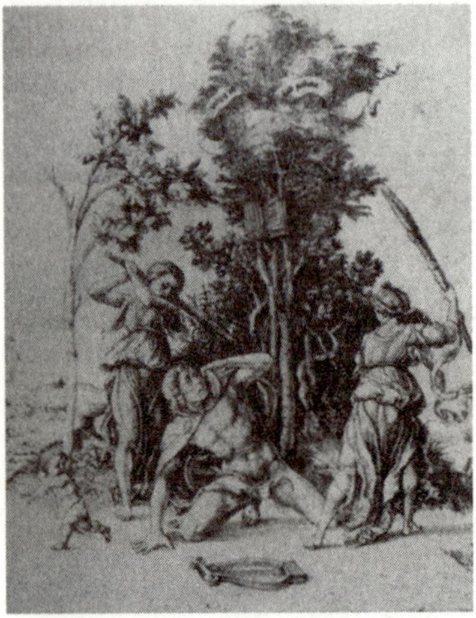

Albrecht Dürer, Tod des Orpheus (1494)

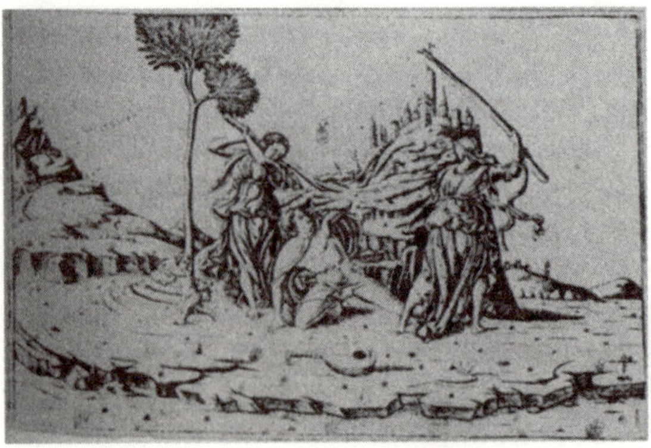

Tod des Orpheus (oberitalienischer Kupferstich)

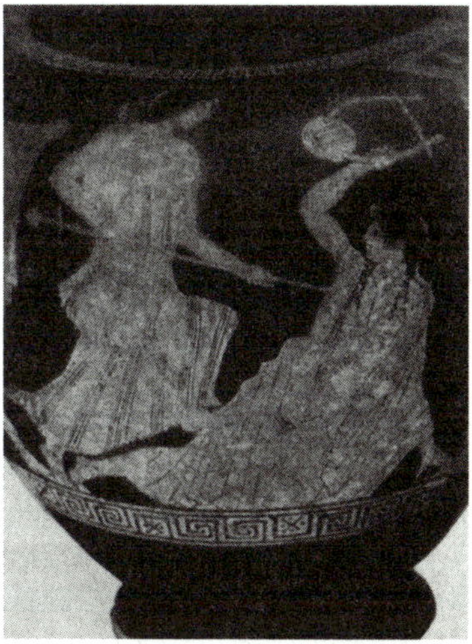

Tod des Orpheus (Vase aus Nola)

gar Steine und Bäume bezaubern konnte. Seine verstorbene Gattin Eurydike wollte er aus der Unterwelt zurückholen, da er sich aber zu ihr umschaute, bevor beide das Tageslicht erreichten, musste Eurydike zurück bleiben. Weil Orpheus sich später dem Dienst des Dionysos widersetzte, wurde er von Bacchantinnen umgebracht.

Setzt man sich die Warburg-Brille auf, dann ist der verschlungene Rezeptionsprozess leichter zu verstehen. In seinem Aufsatz ›Dürer und die italienische Antike‹ (1905) führt Warburg zwei Quellen an, aus denen Dürer geschöpft hat. Zunächst lag ihm ein Kupferstich aus dem Kreise Mantegnas vor. Durch den Vergleich mit griechischen Vasenbildern kann Warburg zeigen: »Die typisch pathetische Gebärdensprache der antiken Kunst, wie sie Griechenland für dieselbe tragische Sequenz ausgeprägt hatte, greift mithin hier (in dem Kupferstich, K.H.) unmittelbar stilbildend ein.« (Warburg 1998, 446)

Ein anderer italienischer Einfluss auf Dürer ist zumindest wahrscheinlich. Aus dem Umkreis des Turiners Pollajuolo ist ein Bild überliefert, wie ein Mann seinem Feind den Fuß auf die Schulter stellt und ihn am Arm packt, eine Geste, die auf eine antike Darstellung eines Sarkophags verweist, wo in dionysischem Wahnsinn Agave ihren Sohn Pentheus zerreißt. Pentheus, zweiter König von Theben, wirft Dionysos, den er als Gott nicht anerkennt, ins Gefängnis. Die Frauen seiner Familie toben mit den Mänaden im bacchantischen Taumel über den Berg und halten den verkleideten Pentheus, der das Treiben von einem Baum aus beobachtet, für einen Löwen. Er wird von seiner eigenen Mutter zerrissen. Auch bei Pollajuolo wird der Formenschatz der Antike also wieder entdeckt.

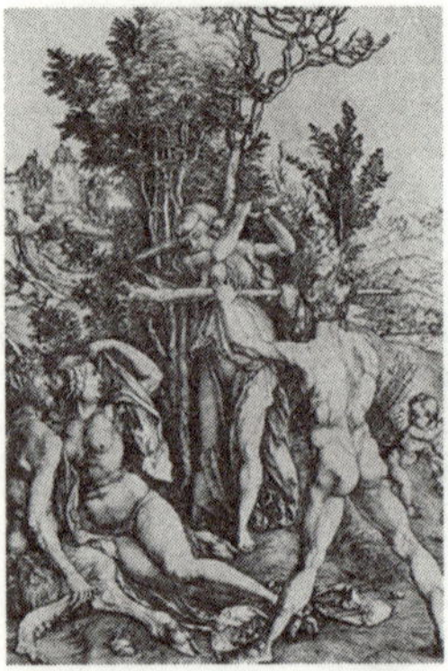

Albrecht Dürer, Herkules (um 1500)

1494 und 1495 kopierte Dürer Bilder sowohl von Mantegna als auch von Pollajuolo und führte die studierten Gesten dann minutiös später auch in seinem Kupferstich *Die Eifersucht* (häufig ›Herkules‹ genannt) aus. Offensichtlich geht es hier um die Legende von Zeus und Antiope. Antiope, Tochter des Herrschers von Theben, lässt sich mit Zeus in der Gestalt eines Satyrs ein. Die Geschichte fliegt auf. (Ein Herkules des Pollajuolo diente Dürer auch als Vorbild für das 1500 entstandene Leinwandbild *Herkules und die Harpyien.*)

Zurück zu der Handzeichnung *Tod des Orpheus.* »Dürer wollte eben vor allem ein antikisches Temperamentsbild geben und hierbei in Übereinstimmung mit den Italienern der Antike das gebührende stilbildende Privilegium in der Darstellung mimisch gesteigerten Lebens einräumen.« (447) Warburgs weiterführende These ist nun, Dürer habe den südlichen Einfluss der Leidenschaften zwar aufgenommen, aber doch zumeist in seinen Bildern und Stichen abgemildert, er setzte, so Warburg in einer galanten Wendung, »der paganen südlichen Lebhaftigkeit den instinktiven Widerstand seiner bodenständigen Nürnbergischen Gelassenheit entgegen, die sich seinen antikisch gestikulierenden Figuren wie ein Oberton ruhiger Widerstandskraft mitteilt.« (448) Milde überraschen muss dieser Sachverhalt insofern, weil um 1500 eine grassierende Weltuntergangsstimmung herrschte – eigentlich ein ideales Feld, um Pathosformeln in großer Anzahl einzusetzen. Nur in Dürers Holzschnittfolge der *Apokalypse* (um 1498) kommen sie prominent zum Zug.

Neuere Interpretationen deuten Dürers Übernahme der Pathosformeln im *Tod des Orpheus* übrigens anders, nämlich als satirischen Kommentar zur italienischen Kultur und politischen Zeitgeschichte jener Jahre. In dem Jahr nämlich, als Dürer an seinem Orpheus arbeitet, werden in Florenz die Homosexuellen verfolgt. Für Homosexualität werden Strafen wie für Totschlag verhängt.

Päderast = Knabenliebe

Dürers Zeichnung ist in der Tat die Inschrift ›Orpheus der erste puseran‹ (Päderast) beigegeben. Nimmt man nun noch hinzu, dass Dürer diese italienische Reise mit dem Nürnberger Humanisten Pirckheimer unternommen hat, dann ist ein satirischer Kommentar zu diesen Vorgängen in Florenz zumindest nicht unwahrscheinlich. Dann aber wäre der Import der Antike nach Nürnberg mit einem ironischen Unterton geschehen (vgl. Betsy Rosasco 1984)! Vielleicht hat Warburg den fränkischen Humor ein wenig unterschätzt.

Soviel ist sicher: Die besonnene Disposition Dürers war es auch, die für das *andere* Element, nicht das *dionysisch* anstachelnde, sondern das *apollinisch* abklärende Element, das ebenfalls durch Italiens Vermittlung aus dem Altertum in die Kunst der Renaissance Eingang fand, besonders empfänglich war. Integral bestimmt ist die Renaissance erst, wenn man beide Elemente zusammen nimmt. Die sprichwörtlich gewordene ›stille Größe‹ und ›ruhige Schönheit‹ antiker Kunstwerke wurde von Warburg ergänzt um die dramatischen Momente. (Es wird in der Warburg-Lektüre immer wieder übersehen, wie auch für Warburg beide Elemente das ›Wesen‹ der Renaissance ausmachen. Pate gestanden hat hier Nietzsches berühmte Abhandlung »Die Geburt der Tragödie aus dem Geist der Musik«, in der Nietzsche an Raffaels Gemälde ›Die Verklärung Christi‹ das Dionysische und auch das Apollinische veranschaulicht.) Es ist hinreichend bekannt, mit welcher Ausdauer Dürer die Proportionslehren vor allem Vitruvs nicht nur studiert, sondern auch fortgeschrieben hat. Seine Abhandlung ›Underweysung der Messung‹ (1524) und vor allem die ›Vier Bücher von menschlicher Proportion‹

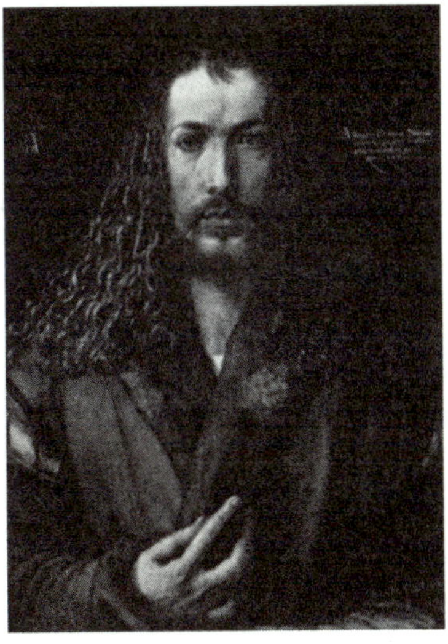

Albrecht Dürer, Selbstbildnis im Pelzrock (1500)

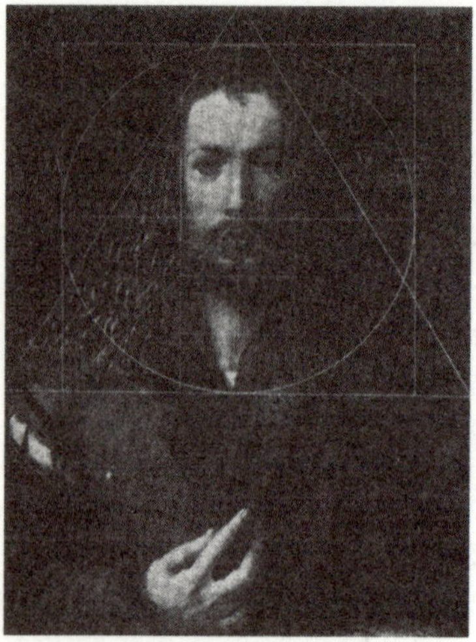

Albrecht Dürer, Selbstbildnis im Pelzrock mit Formgerüst (1500)

(1528) belegen diese Arbeit. Bereits das berühmte *Selbstbildnis im Pelzrock* von 1500 ist eine konsequente Umsetzung dieser lebenslang betriebenen Forschungen – wie das Formgerüst von F. Winzinger zeigt.

In diesem Selbstbildnis mit Pelzrock zeigt sich ein Dürer, der um die eigene Genialität weiß. Konzentriert schaut dieser Dürer den Betrachter an. Durchaus (selbst)bewusst legt er einen Vergleich mit den traditionellen Christusporträts nahe. Auffällig ist hier vor allem die *Segensgeste* der rechten Hand, die wie zufällig den Mantelkragen richtet. Minutiös wird das (eigene) Gesicht als ideale Umsetzung geometrischer Grundformen gefeiert. »Dieses faustische Grübeln über das Maß hat Dürer mit steigernder Intensität Zeit seines Lebens in Bann gehalten; dagegen hat er bald an jenem barocken antikischen Bewegungsmanierismus keinen Gefallen mehr gefunden.« (Warburg 448)

Hans Belting hat dieses Porträt Dürers in einen engeren theologischen Kontext gerückt und die Haltung, durchaus mit guten Argumenten, als Demutshaltung gedeutet. Es geht »zunächst um den Versuch, in seinem Porträt ein synthetisches Gesicht anzulegen, das über jede bloß physiognomische Ähnlichkeit hinauszielt. Das Werk spielt überall mit geometrischen Figuren, welche, ohne dass wir die Konstruktion im Einzelnen nachvollziehen können, die Gesichtszüge einem idealen Schema einschreiben. Auf diese Weise besitzt das Porträt einen Überschuss an Referenz, denn es beschränkt sich nicht allein auf den Menschen aus Fleisch und Blut, der hier konterfeit ist, sondern legt in ihm eine absolute Schönheit offen, die über diese Person hinausweist. Die Gottähnlichkeit tritt inmitten der Ähnlichkeit des Porträts mit Dürer zum Vorschein. Die Referenz auf einen Archetypus führt zu einer doppelten Ansicht des gleichen Gesichts: Dürer malt ein Bild von seinem Gesicht, das seinerseits ›nach dem Bilde‹ (in imaginem) Gottes geschaffen wurde. Die zweite Besonderheit tritt in dem unbeweglich frontalen Blick zutage, dem grenzenlosen Blick einer Ikone (...) und verzichtet damit bewusst auf ein Merkmal, das im Porträt seiner Zeit die große Neuerung war. (...) Der Maler konstruiert sein Gesicht, als ob er es im Spiegel Gottes einfangen wollte. Dadurch nimmt er zu dem Jüngling Narciss, der sich vom eigenen Spiegelbild zur Selbstliebe verführen ließ, eine Gegenposition ein. Die Christusähnlichkeit ist hier also keine Anmaßung, sondern eine Demutshaltung.« (Belting 2005, 115f.)

3.2 Rhetorisches Christentum

Auffällig ist die gestische Dichte im Werk Dürers aber noch an einer anderen Stelle. Dürer hat, und das macht ihn so spannend, nicht nur die antiken Gesten maximaler Ergriffenheit, die ihren Sitz im Leben zunächst im Kultus haben, tradiert, sondern er hat auch die Rhetorik der Handgesten in einem Bild zur exponierten Darstellung gebracht. In dem Werk *Jesus unter den Schriftgelehrten* (1506, also während seiner zweiten italienischen Reise entstanden) wird das Zentrum des Gemäldes von zwei gestikulierenden Händepaaren eingenommen. Gemalt hat Dürer das Bild in Venedig wie in einem Rausch in nur fünf Tagen. (Vgl. die einfühlsame Besprechung des Bildes durch Rose-Marie und Rainer Hagen in ART 1/2005, 70-75.)

Auf räumliche Tiefe hat Dürer in dem Bild ganz verzichtet. Betont hebt er das jugendliche, noch geschlechtlich sehr unentschiedene Gesicht von den Figuren im Umfeld ab, besonders markant von der Fratze rechts neben ihm. Unheimlich sind auch die Augenpaare im Hintergrund. Lukas, der die Szene im zweiten Kapitel seines Evangeliums berichtet, weiß nichts von einer aufgeladenen Stimmung während des Disputs. Sollte die Szene einen biographischen Anhalt haben, ist eine gereizte atmosphärische Aufladung

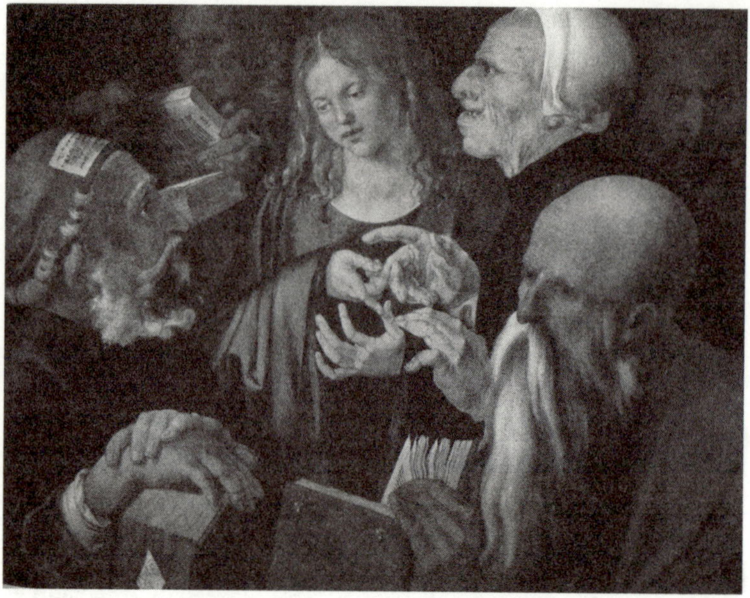

Albrecht Dürer, Der zwölfjährige Jesus unter den Schriftgelehrten (1506)

eher unwahrscheinlich. Dürer trägt offensichtlich die spätere Lebensgeschichte Jesu in diese Szene hinein.

Ein für die damalige Zeit auch unter den Gebildeten nicht unüblicher latenter Antisemitismus ist dem Bild fraglos abzulesen. Man muss sich, um den Sachverhalt angemessen zu deuten, den biographischen Hintergrund kurz vergegenwärtigen. 1499 wurden aus Nürnberg noch 200 Juden unter dem Vorwand des Zinswuchers vertrieben. Dürer lebte also in einer Umwelt, die die Juden als Gottessohnmörder und Wucherer stigmatisierte. Es gibt aber keinen Beleg dafür, dass Dürer, gelernter Humanist, antisemitisches Denken geteilt hat. Die Nationalsozialisten haben allerdings dieses Bild für ihre Zwecke immer wieder instrumentalisiert.

Wie gesagt: Auffällig im Bild ist die Gestik.

Ein Händepaar ruht auf der Bibel. Nach der Zerstörung Jerusalems und damit der Zerstörung des Tempels bildete die Bibel für die Juden eine Art ›portativer Staat‹. Seine innere Dynamik ge-

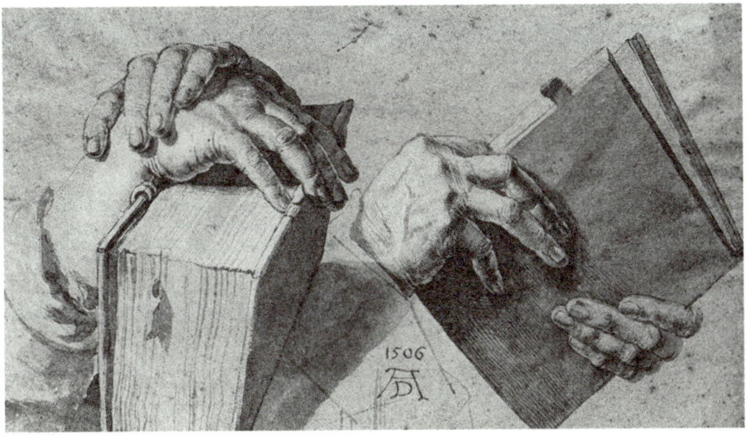

Albrecht Dürer, Handstudien (1506)

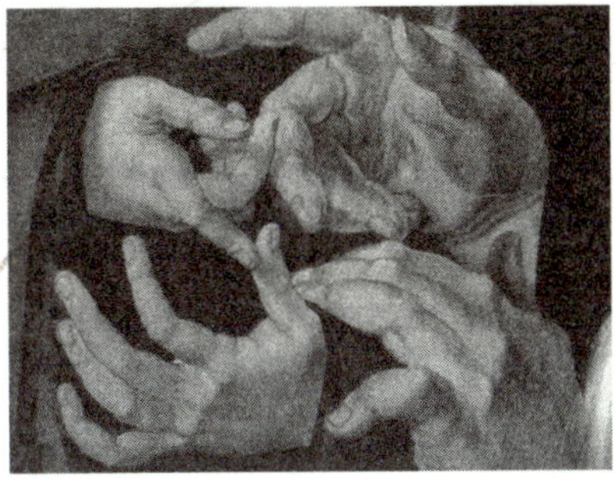

Ausschnitt: Der zwölfjährige Jesus unter den Schriftgelehrten (1506)

winnt das Bild dadurch, dass die Juden in Jesus nicht den in der Bibel angekündigten Messias erkennen, obwohl das aufgeschlagene Buch am unteren Bildrand wie ein Spiegel aufgestellt scheint. Besonders signifikant sind die zwei gestikulierenden Händepaare im Zentrum. Farblich markant werden die Hände des Greises von dem des Jünglings abgehoben. Wo sich bei Jesus Zeigefinger und Daumen berühren, ist der exakte Mittelpunkt des Bildes, gerahmt vom Kreis der Köpfe.

Die entscheidende Pointe liegt aber in der Geste selbst. Ich möchte folgende These wagen: Es ist zwar nicht ganz eindeutig zu entscheiden, inwiefern Dürer hier auf feststehende rhetorische Gestenmuster aus der Antike zurückgreift, denn erst 1644 erschien von John Bulwer die später berühmte ›Chirologia‹ (natürliche Gesten der Hand) und die ›Chironomia‹ (Die Kunst der Handrhetorik). Ich zeige jene Buchseite, die die zentrale Geste des Bildes einfängt.

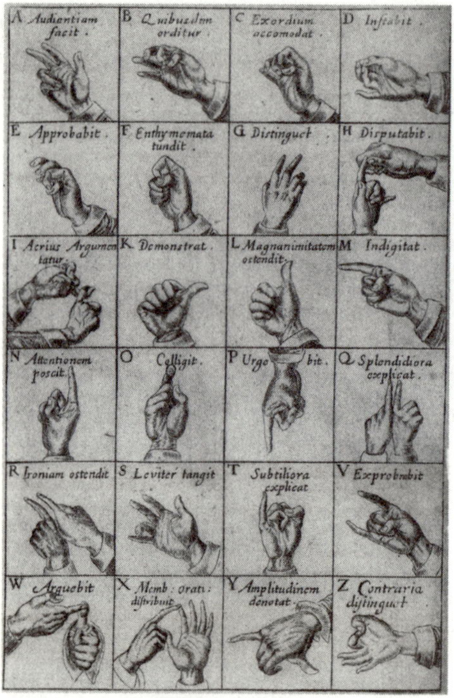

Illustration zu John Bulwer, Chironomia (1644)

Zieht man dieses Buch heran, dann haben wir es hier mit einer rhetorischen Geste zu tun, die das *Argumentieren* ins Zentrum stellt. Jesus ist derjenige, der das entscheidende Argument anführt. Arguebit (Futur I von arguo) – ich werde kundgeben, hier wohl auch in der Bedeutung von: *sich kundgeben, sich zu erkennen geben.* Die Handgestik deutet das Bild als Selbstoffenbarung Jesu, die von den Schriftgelehrten nicht wahrgenommen wird.

Aber wie gesagt: auch diese exaltierte *rhetorische Gestik* ist im Werk Dürers eher außergewöhnlich. Das nur wenige Monate später gemalte Bild *Rosenkranzfest* (s.o.) verzichtet prompt auf große Gesten. Ein europäisches Ereignis ist Dürers Beschäftigung mit der italienischen Malerei aber insofern, dass hier die Gebärden maximaler Ergriffenheit fränkisch abgedämpft zur Darstellung kommen. Sagen wir: besonnen. Allenfalls in seiner Holzschnittfolge *Apokalypse* hat Dürer die heidnischen Superlative der Gebärdensprache behutsam christlich umgedeutet. Und in der *Holzschnittpassion* findet sich in der Szene ›Jesus am Ölberg‹ die für Dürer typische Abschwächung einer Szene der Verzweifelung in eine eindrucksvolle gestische Demutshaltung. Nicht zufällig wurden also für spätere Generationen die ›Betenden Hände‹ Dürers zu einem Massenphänomen.

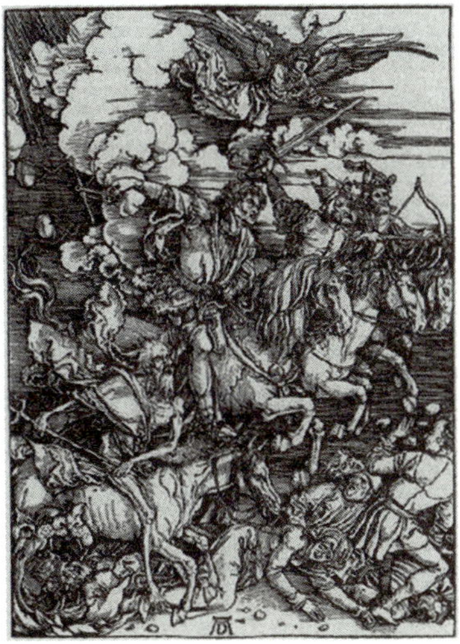

Albrecht Dürer, Die vier apokalyptischen Reiter (um 1498)

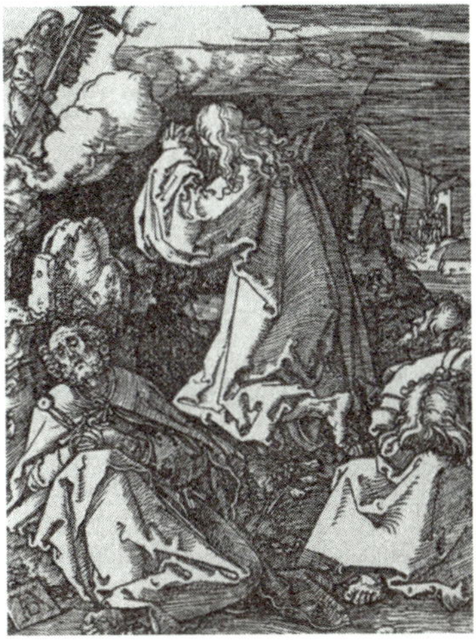

Albrecht Dürer, Jesus am Ölberg (1509-1511)

Blickt man auf Dürers Gesamtwerk, dann überwiegen sehr viel stärker die (apollinischen) Gesten der Andacht und Demut. Die Entängstigung und Entdämonisierung hat in Nürnberg eine neue Qualität erhalten. Wohl daran lag es auch, dass die Italiener sein Werk nicht »antigisch Art, und darum sei es nit gut« (Dürer 1978, 104) bewerteten.

Man ahnt bereits, warum drei Jahrhunderte später die Nazarener Dürer (neben Raffael) zu ihrem Helden wählten. Sie glaubten hier eine abendländisch geprägte andächtige Grundstimmung der Entängstigung gestisch am besten abgebildet.

3.3 Kleiner Ertrag

Ein erstes Ergebnis über die Rezeption antiker Gestensprache liegt also vor. Die Gesten der maximalen Ergriffenheit finden in der Dürerschen Bildwelt ihren Einsatz, wenn es gilt Schmerz, apokalyptischen Schrecken, Heilung oder Triumph – auch rhetorischen Triumph – auszudrücken. Immer aber werden die Gesten fränkisch-bedächtig gezähmt und humanisiert. Aber auch als gezähmte Gesten sind die gespeicherten Energien spürbar. *Dürers Stiche und Gemälde handeln.*

Wie Bilder durch die in Gesten gespeicherten Energien handeln, möchte ich im nächsten Essay an einer anderen Figur der Kunstgeschichte demonstrieren, die zugleich für den Übergang von der antiken Affekten-Lehre zur bürgerlichen Gefühlskultur steht.

An Rembrandt.

4. Rembrandts sinnende und diakonische Gesten

4.1 Holländische Antike

Die Spezialliteratur zu Rembrandt (1606-1669) ist kaum zu überblicken. Auch für einen gelernten Holländer nicht. Und es besteht keine Hoffnung, dass sie künftig stagniert. Im Bannkreis dieses Malers haben sich ganze Kunsthistorikergenerationen mit ihrem immensen Fachwissen abgearbeitet. Und viele Monographien stöhnen vielwortig, was das berühmte Bonmot von Max Liebermann unnachahmlich genau auf den Punkt brachte: »Wenn man Frans Hals sieht, bekommt man Lust zum Malen, wenn man Rembrandt sieht, möchte man es aufgeben.« Liebermann kapituliert vor Rembrandt, genauer: vor den Pigmenten auf der Leinwand, die eine Epiphanie, eine ungeheure Präsenz zustande bringen, die andere Künstler allenfalls beschwören. Man tröstet sich mit der (verzweifelt sympathischen) Formel, die beredte Ausdruckskraft der Bilder sei von der diskursiven Sprache nicht einzuholen. Der Kunsthistoriker wird zum Priester des Genius Rembrandt.

Nun wäre der *Genius Rembrandt* nicht Anlass genug für diesen Essay, ihn zum Thema zu machen. Ich halte Rembrandt deshalb für unverzichtbar, weil er für einen relativ frühen *Übergang von der Affektdarstellung alter Provenienz* (das gilt auch noch für Dürer) *zum bürgerlichen Gefühlsausdruck* steht. In der deutschen Kunst wird dieser Übergang deutlich später virulent: bei Caspar David Friedrich etwa oder – verwandt und doch davon markant unterschieden – bei den Nazarenern. Der Grund für diese Ungleichzeitigkeit oder diese holländische Epochenvorziehung ist schnell benannt. In den Niederlanden – vor allem in Amsterdam – herrschte bereits zu Zeiten Rembrandts, im so genannten goldenen Jahrhundert, ein sehr freiheitliches Klima. Wenn die berühmte These Max Webers, der Kapitalismus habe seine religiösen Wurzeln in der calvinistischen Spielart des Protestantismus, stimmt, dann trifft das auf die Niederlande in einem sehr pointierten Sinn zu. Eine bürgerliche Kaufmannselite, die es zu beträchtlichem Wohlstand brachte, förderte die Kunst und in gewisser Weise auch die Freiheit der Kunst. Mit den üblichen Nebenwirkungen. Künstler, auch gesellschaftlich anerkannte Künstler, waren nicht davor geschützt, zu verarmen. Es ist bekannt, dass auch Rembrandt, ein entschieden besserer Maler als Kaufmann, dieses Schicksal erlitt und einen tüchtigen Konkurs machte.

In diesem Essay möchte ich zeigen, wie Rembrandt von den frühen Anfängen sehr unmittelbarer Affektdarstellung zu einer gestischen Malerei findet, die im biblischen Bildrepertoire bürgerliche Innenwelten ausleuchtet.

Seine frühen Werke dienen, wie der Kunsthistoriker Michael Bockemühl deutlich macht, der möglichst eingängigen Präsentation der Affekte. Bereits auf dem ersten erhaltenen Gemälde *Die Steinigung des heiligen Stephanus* werden dicht gedrängt stehende Menschen in der hochdramatischen Situation der Steinigung des Apostels gezeigt.

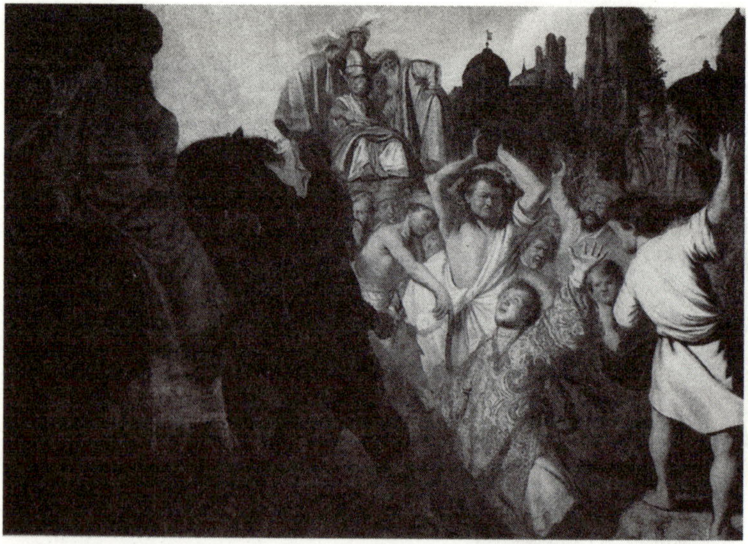

Rembrandt, Die Steinigung des heiligen Stephanus (1625)

»Die Bewegtheit einer vielfigurigen Szene, der dramatische Ausdruck von Aufruhr, Gewalt und Schmerz bestimmen das Ganze. Schon in seinem ersten Bild präsentiert sich der junge Maler in einem Metier, das damals als das schwerste galt und deshalb hoch angesehen war. (...) Beurteilt wurde der ›Historienmaler‹ vor allem (...) danach, wie weit es ihm gelang, durch Mimik und Gestik den durch das Geschehen bedingten besonderen seelischen Ausdruck der Figuren – die damals sogenannten ›Affekte‹ – zu kennzeichnen.« (Bockemühl 2001, 13f.)

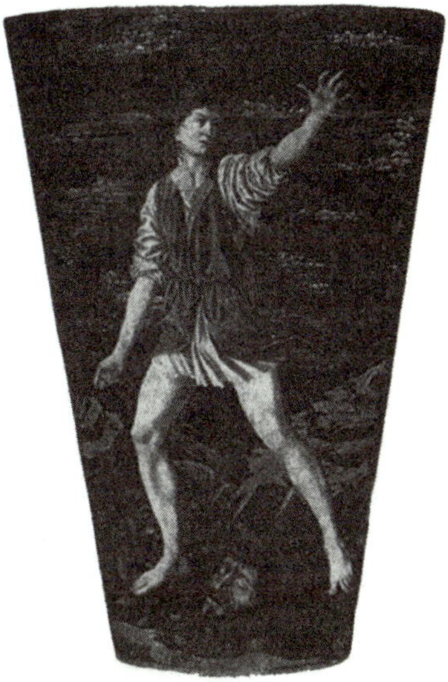

Andrea del Castagno, David (um 1450)

Das Gemälde zeigt genau jenen Zeitpunkt, in dem die Männer mit vor Zorn und Hass verzerrten Gesichtern ausholen, um Stephanus zu steinigen. Der Betrachter ist Augenzeuge dieser Szene, und die Drastik dient dazu, die zuversichtliche Haltung des Stephanus zu kontrapunktieren. Auch die Ausleuchtung des Bildes dient der Pointierung der dramatischen Handlungsmomente. Rembrandts Anliegen ist es »offensichtlich (...), mit der Beleuchtung die Handlung der Figuren zusätzlich zu dramatisieren und den Betrachter verstärkt auf die ›Affekte‹ zu lenken. Die Beleuchtung der frühen Szenen hat einen demonstrativen, präsentierenden Zug. Dabei bleibt zumeist unbemerkt, daß die dargestellte Lichtführung nur in seltenen Fällen in Einklang zu bringen ist mit natürlich antreffbaren Beleuchtungssituationen.« (Bockemühl 2001, 36f.)

Unbeachtet blieb in der Forschung bisher ein anderer, ich denke der zentrale Punkt. *Rembrandt deutet hier die traditionelle Pathosformel der* Schutzgeste *des Niobiden* (siehe dazu den ersten Essay in diesem Band) *in eine* Triumphgeste *um,* wie sie auf dem

Lederschild an der Figur des David deutlich wurde: Stephanus vertraut sehenden Auges dem geheimen Ratschluss Gottes: – eine Inversion der Pathosgesten im radikalsten Sinn. Stephanus schaut ins Licht, traditionell Metapher für Gott, und *erlebt seinen eigenen Tod als Triumph über die Gewalt*!

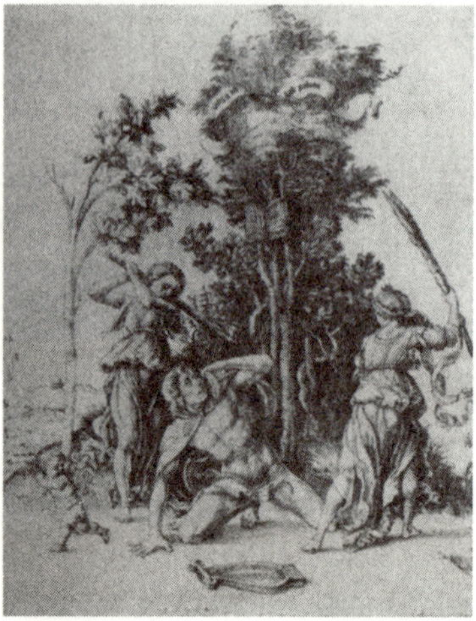

Albrecht Dürer, Tod des Orpheus (1494)

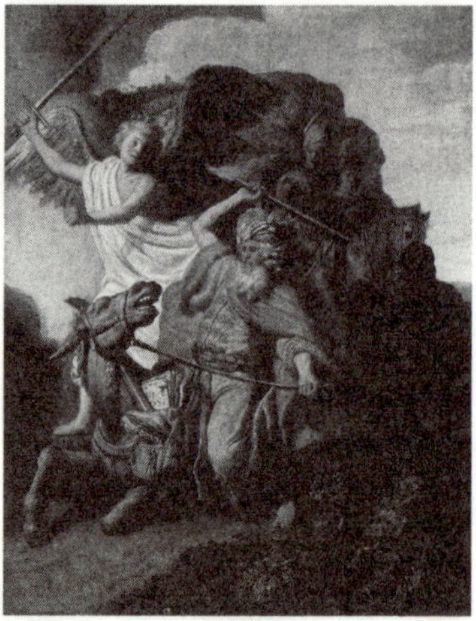

Rembrandt, Der Prophet Bileam und die Eselin (1626)

Vielleicht lassen sich auch andere Bilder des frühen Rembrandt so interpretieren: Das Bild *Der Prophet Bileam und die Eselin* (1626) scheint, was die gestische Struktur betrifft, an die Bildregie vom Tod des Orpheus zu erinnern. In 4. Mose 22,21ff. wird erzählt, wie der Prophet seine Eselin sattelt, um mit den heidnischen Moabitern umherzuziehen. Gott ist darüber erzürnt und stellt ihm einen Engel in den Weg, den offensichtlich nur die Eselin sieht, die deshalb immer wieder ausweicht und von Bileam prompt heftig geschlagen wird. Dann, so die schöne Pointe, verlangt die Eselin von Bileam Rechenschaft, warum sie geschlagen werde, da sie ihm doch immer treu gedient habe. Erst nach dieser Rede erkennt Bileam den Engel mit dem Schwert. Die angedrohte tödliche Geste des Engels gilt ihm. Es kommt dann aber doch nicht zum tödlichen Schlag. Sowohl die Eselin als auch Bileam überleben. Und Bileam folgt ab jetzt ohne Vorbehalt der Lenkung Gottes. Im Unterschied zur Antike werden die tödlichen Gesten (zumindest in diesem Fall) nicht ausgeführt. Die Gewalt wird sistiert. Die Textstelle (und die bildliche Ausdeutung) könnte als ein erster Beleg für die Sistierung von archaischen Gewalt-Gesten im jüdisch-christlichen Wahrnehmungsraum dienen.

4.2 Amsterdamer Gefühlskultur

Bereits der frühe Rembrandt hat die dramatisch hoch aufgeladenen Handlungsbilder durch stillere Szenen ergänzt, in denen etwa die Protagonisten diskutieren (*Zwei Gelehrte im Gespräch*, 1628). Bockemühl glaubt gerade in diesen Bildern eine Überwindung der Beschränkungen alter Historienmalerei erreicht: Wird in den Ereignisbildern zumeist der dramatische Augenblick eingefroren, so kann eine Bildregie, die ein Gespräch oder ein Nachsinnen einfängt, sehr viel mehr Spielraum für die Ereignisfolge bereit stellen. Leser benötigen Zeit, um die Texte zu verstehen oder Ereignisse zu deuten.

»Das gesprochene Wort, genauer: die Gebärden, die ein Gespräch begleiten, bieten Rembrandt die Möglichkeit, dramatisches Handeln in einer Weise bildlich zu zeigen, die entschieden weniger als die bewegten Aktionsszenen mit dem Stillstand des Bildes kollidiert. Das Geschehen eines Gesprächs erschöpft sich nicht in Sprechen und Zuhören. Das Gespräch umschließt vielerlei Handlungen, wie zum Beispiel das bestätigende oder ablehnende Mitdenken während der Rede des anderen, den Ansatz zu Einwänden und so weiter. Das Gespräch besteht auch nicht im

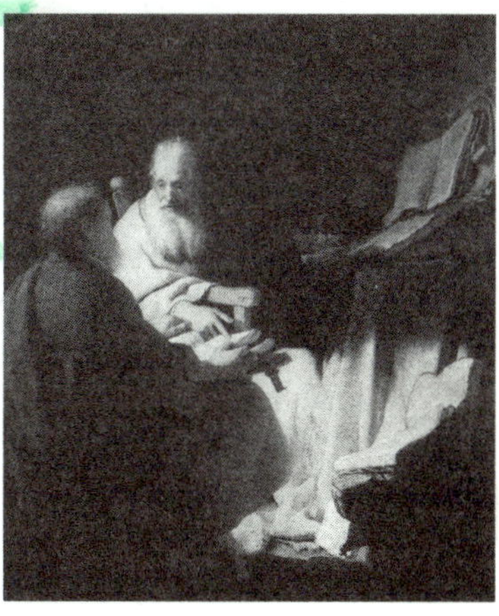

Rembrandt, Zwei Gelehrte im Gespräch (Petrus und Paulus?) (1628)

ständigen Redefluß, sondern ebenso im Innehalten beim Nachsinnen über das Gesprochene, im Warten auf Antwort. Der Verlauf eines Gesprächs kann gerade in solchen Momenten am dichtesten sein.« (28)

Es war nur konsequent, dass Rembrandt diese Möglichkeiten auch an der Präsentation einer einzigen Figur auslotete, etwa in den Gemälden *Der Prophet trauert über die Zerstörung Jerusalems* (1630) und *Der Apostel Paulus im Gefängnis* (1627). Die Bildregie Rembrandts führt den Betrachter, wie der Interpret Bockemühl sehr eindrücklich zeigt, zu einer Einleibung dieser Geste. »Wenn der Betrachter den Inhalt dieses Nachdenkens oder Bedauerns faßt, beginnt er selbst zu besinnen, was der Dargestellte besinnt – den Apostelbrief, den Untergang Jerusalems. Wichtig dabei ist weniger der jeweils besondere Inhalt, als dass der Betrachter sich überhaupt zu einer solchen Besinnung angeregt sieht, daß er dazu übergehen kann, vor dem Bild selbst zu vollziehen, was er an der Figur im Bild erkennt. Ansatzweise kann er so an seiner eigenen sinnenden Tätigkeit einen Vorgang tatsächlich erfahren, der sich im Bild genauso wenig abspielen kann wie eine äußere Bewegung.« (29)

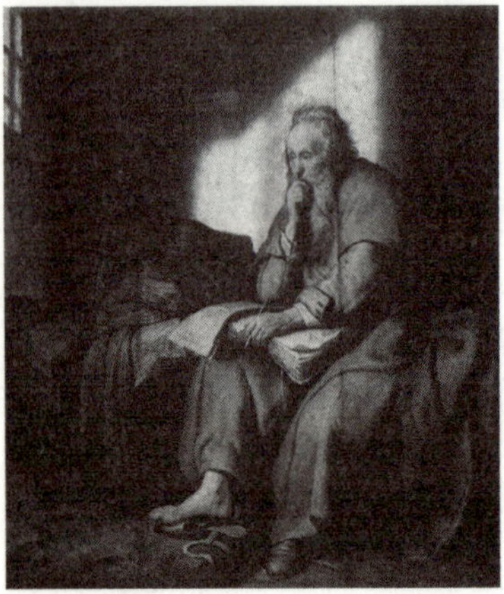

Rembrandt, Der Apostel Paulus im Gefängnis (1627)

Wirft man einen Blick auf die künstlerische Entwicklung Rembrandts, dann wird man bei aller Vorsicht sagen dürfen, dass in seinen Bildern die Tendenz auf Besinnung und Besonnenheit stetig zunimmt. Warburg hat in seinem Bildatlas Rembrandt deshalb auch nicht zufällig dem Bildraum der Besonnenheit zugeordnet. In diesen Bildraum eingezeichnet werden auch jene Gesten, die ich die *diakonischen Gesten* genannt habe. Zwei Bildfindungen möchte ich kurz besprechen.

Berühmt ist die Radierung *Der barmherzige Samariter* (1643-49). Im Mittelpunkt des Bildes sieht man den Verwundeten, der von einem Gehilfen vom Pferd gehoben wird – eine Christophorus-Geste, die allerdings konterkariert wird vom Minenspiel des Mannes, in dem deutlich Ekel mitschwingt. Am Eingang verhandelt der Samariter mit dem Gasthausbesitzer. Eine typisch holländische Kaufmannsgestik wird aufgeführt. Diese *deiktische Geste* steht zugleich für die Diskursivität christlicher Lebensführung. In der *Chironomia* von Bulwer ist es der Hinweis/Zeigegestus: Indigat (»Er hat etwas nötig«).

Gegenstand vielfacher Vermutungen ist der dialogische Blickkontakt zwischen dem Verwundeten und einem Mann im Fenster gewesen. Goethe hat geargwöhnt, der Verwundete erkenne in dem Mann am Fenster seinen Übeltäter wieder. Im Gesicht des Verwundeten spiegelt sich aber, wie ich finde, kein Erschrecken des Wiedererkennens. Richtiger scheint mir, dass Rembrandt hier wie in der biblischen Geschichte die Spannung zwischen Menschen, die sich vom Schicksal des Überfallenen anrühren lassen und nicht anrühren lassen, aufbaut. Wie ein Voyeur schaut der Mann am Fenster der Szene zu. Nicht mehr und nicht weniger.

Dieser Lesart entspricht auch die weitere Rahmung des Bildes. Im rechten Bildhintergrund schöpft eine Figur von der Szene relativ unbeeindruckt am Brunnen Wasser. Ein Gehilfe kümmert sich, auf seine Aufgabe konzentriert, um das Pferd. Und im Bildvordergrund setzt ein Hund ganz ungerührt einen Haufen.

Die Sache mit dem Hund. Die hat mich immer am meisten fasziniert. Über den Hund ist in den Bild-Interpretationen bisher relativ wenig Erhellendes gesagt worden. Mir scheint es nicht unwahrscheinlich, dass der Hund im Bild für die Unreinheit steht. So wie im biblischen Gleichnis die Vertreter der jüdischen Kultklasse, der Priester und der Levit, an dem Überfallenen vorbeigehen, weil der, blutüberströmt, verschissen und verdreckt, als unrein gilt und ein Kontakt mit ihm eine Verunreinigung nach sich ziehen würde, die für den Priester und Leviten ein vorübergehendes Berufsverbot zur Folge hätte (vgl. Huizing 2000), so bildet hier der Kot des Hundes diese Unreinheit des Verwundeten ab. In sei-

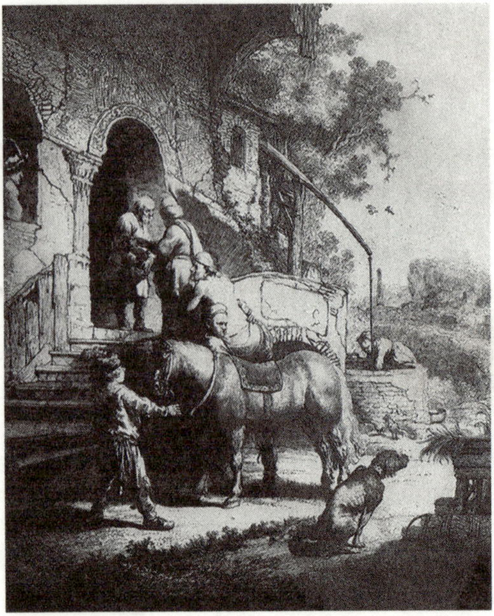

Rembrandt, Der barmherzige Samariter (1643-1649)

ner Haltung steht der Hund pars pro toto für die anderen Menschen, die sich ungerührt geben. Ein hündisches Verhalten also.

Der Bild-Betrachter hat zwei Möglichkeiten: Er kann sich zunächst mit dem Mann am Fenster identifizieren und muss sich entscheiden, wie er auf den leidenden Ausdruck des Verwundeten reagiert. Dabei bleibt offen, ob man sich rührt, weil man angerührt ist, oder nicht. Oder er kann sich mit dem Samariter identifizieren, der in seiner deiktischen Geste eine Handlungsrichtung vorgibt.

Berühmt geworden ist auch das Ölgemälde *Die Heimkehr des verlorenen Sohnes* (1666-1669, von einem Schüler vollendet). Hier wird alles auf die finale Geste der väterlichen Umarmung abgestellt. Durch das Farbenspiel und die Bildregie kann der Betrachter nachvollziehen oder noch besser: er-

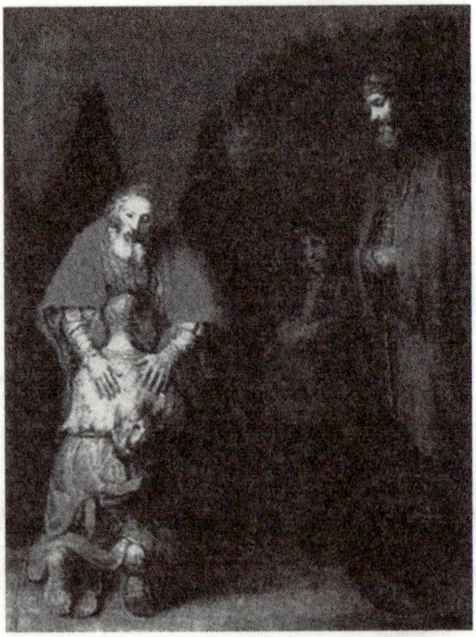

Rembrandt, Die Heimkehr des verlorenen Sohnes (um 1666-1669)

fahren, was hier passiert. Die Identifikation mit dem Rückenakt nötigt zum demütigen Kniefall. Der Blick auf die Figuren am rechten Bildrand geben gleichsam ihren (zum Teil skeptischen) Segen zu dieser Demutsgeste. Man glaubt förmlich die Hände auf dem Rücken zu spüren, umfasst zu werden, erahnt den milden (und auch etwas erleichterten) Blick des Vaters, der auf einem ruht. Treffend spricht Bockemühl davon, dass durch die Bildregie, genauer: durch die »Struktur des Gesehenen« die Blickbewegung einen gestalthaften Charakter annehme und zu einer Gebärde werde, die »in ihrem Charakter mit dem dargestellten dramatischen Geschehen« (75) übereinstimme. Gebärden oder Gesten werden also durch die Kunst eingeübt und eingeleibt. Der Betrachter ist Teil in diesem Bild(ungs)prozess, sofern er sich beeindrucken lässt. Das Bild *handelt* am Betrachter. Darin besteht die hohe Kunst Rembrandts, durch Licht- und Linienführung den Blick des Betrachters zu lenken und eine diakonische Geste auszubilden. In neueren, noch nicht veröffentlichten Forschungen hat Horst Bredekamp vom Bild*akt* gesprochen, um den Handlungscharakter der Bilder zu betonen. Er überträgt damit Einsichten der Sprechakttheorie von J.L. Austin, dass man mithilfe von sprachlichen Äußerungen wie etwa ›beeiden‹ oder ›verfluchen‹ Handlungen vollziehen kann. Bilder, so die These von Bredekamp, handeln und stiften damit eine eigentümliche Form von Wirklichkeit. (Vgl. dazu Thomas Groß im ›Rheinischen Merkur‹ vom 12.01.2006.)

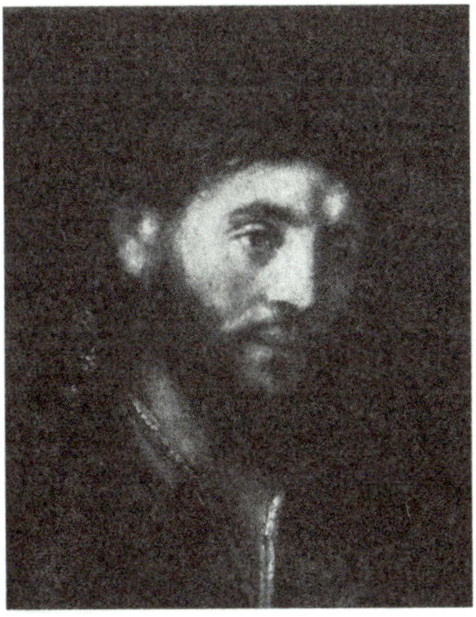

Rembrandt, Christus (um 1650)

Die dramatische Inszenierung von *Gesten* wird im Werk Rembrandts noch einmal überboten durch die Konzentration auf die Physiognomie einzelner Gesichter. In den *Bildnissen Christi nach dem Leben* (ab 1648) malte Rembrandt zum ersten Mal Jesusdarstellungen nach den Modellen seiner jüdischen Mitbürger. Die Freundschaft mit dem gelehrten Rabbiner Menasseh ben Israel erschloss Rembrandt eine ganz neue Welt. Es entstanden faszinierende Studien, die einen sehr menschlichen, stillen, in sich zurückgezogenen, auch eine Spur schwermütigen Jesus zeigen. Will man mit einem Prädikat dieses Gesicht beschreiben, dann durch den Ausdruck einer gewaltlosen Würde. Wie weit sind diese Bilder von den häufig karikierenden Gesichtern jüdischen Personals innerhalb der christlichen Ikonographie entfernt. Und wie weit auch entfernt von den Physiognomien eines verklärten Christus. Rembrandt malt einen Jesus aus Fleisch und Blut, keinen dogmatischen Christus. Und, das ist für diese Jahre schlicht revolutionär zu nennen, er malt einen jüdischen Jesus. Und noch mehr: dieser jüdische Jesus wird gemalt nach den jüdischen Mitbürgern in Amsterdam, die der Inquisition auf der iberischen Halbinsel nur mit Mühe entkommen sind. Diese Gesichter haben das Leid und die Gewalt gespeichert. So etwa wird das Gesicht des Überfallenen aus dem *Gleichnis vom Barmherzigen Samariter* ausgesehen haben, nachdem er gesund geworden ist.

Die Sprache greift in der Tat zu kurz, um diese Gesichter zu beschreiben. Man kann nur dem Spiel der Farben und des Lichts nachspüren. Die Farbe und das gespeicherte Licht *handeln*. Die Ausleuchtung des Gesichts spielt mit fließenden Farbwerten: es leuchtet und es verschattet sich, es ist präsent und es entzieht sich, es ist konzentriert und es wirkt verschleiert. Das Inkarnat lebt. Es spricht an. Es ist verwundbar. Es ist ein Gesicht, das Gewalt erfahren hat und Gewalt kritisiert, ohne zu drohen. Dieses Gesicht fordert gewaltlos diakonische Gesten ein. Es ist zutiefst human. Und es weist über sich hinaus. Innenwelten werden sichtbar. Rembrandt erlaubt einen Blick ins Innere, lässt den Betrachter daran teilhaben, wie das Inkarnat durchsichtig wird auf ein Areal, das sich zumeist unter der Oberfläche verbirgt. Die warmen Farben des Gesichts, die das Gesicht zum Erleuchten bringen, stehen vielleicht auch für eine Gefühlsdichte, die man in einem sehr umfassenden Sinne mit Zuneigung oder Liebe übersetzen kann. Nochmals: Der Betrachter spürt, was dieses Gesicht bedeutet. Die ganze Innerlichkeit des liebenden Gefühls – hier geht es nicht mehr um die Affekte alter Provenienz – kann präsentisch erfahren werden. In dem sinnenden Ausdruck zeigt sich die ganze Verbundenheit, die zwischen den Menschen herrschen soll. Gewaltfrei und liebend. Aus diesen sinnenden Gesten folgen die sinnlichen (diakonischen) Gesten wie von selbst.

4.3 Kleiner Ertrag

Die frühen Bilder Rembrandts prägen, so habe ich gezeigt, antike Pathosgesten kräftig um. Rembrandts spätere Bilder stehen für eine neuere Etappe in der Kulturgeschichte der Geste: Die Kultur der Affekte wird abgelöst von einer bürgerlichen Gefühlskultur, die sich zunächst in diakonischen Gesten konkretisiert. Und: Diese Bilder verstehen zu handeln, leiben christliche Gesten ein: Gesten des Nachsinnens und Gesten der Zuwendung.

Über den Begriff des *Handelns* lässt sich auch ein Zugang eröffnen zur Bildwelt der Romantiker. Diese These ist zunächst alles andere als selbstverständlich. Und sie wird noch gewagter, wenn man Caspar David Friedrich in die Geschichte der ekstatischen Warburg-Antike einbinden will. Aber sie macht, wie ich zeigen möchte, guten Sinn. Wir müssen also mit Siebenmeilenstiefeln (nochmals: die Kunstgeschichte der Gesten, die ich erzählen will, ist eine ultrakurze erste Geschichte) zu den Romantikern reisen. Zunächst nach Berlin, dann weiter nach Greifswald, schließlich zu den Nazarenern nach Rom.

5. Caspar David Friedrichs Umarmungen

5.1 Romantische Antike

Caspar David Friedrich (1774-1840), dem deutschen Vorzeige-Romantiker eine Nähe zur Warburg-Antike zu unterstellen, ist auf den ersten Blick abenteuerlich. Und doch sind zwei Annäherungen möglich.

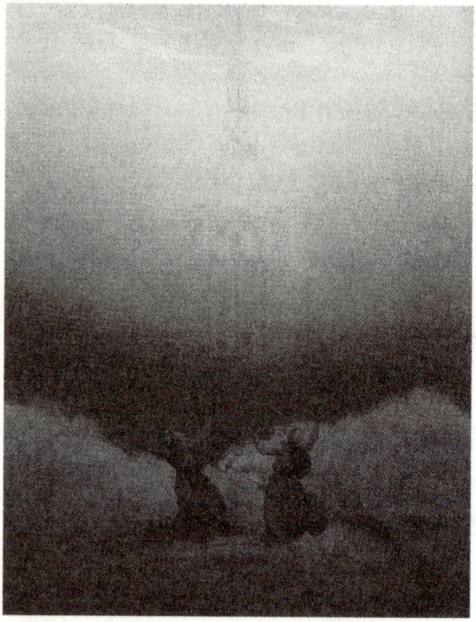

Caspar David Friedrich, Vision der christlichen Kirche (um 1820)

Die erste Annäherung ist evident, lässt sich mit einem Bild handfest belegen: Friedrichs *Vision der christlichen Kirche* (1820) zeigt zwei Mönche, die in ekstatischer Geste die Erscheinung eines Lichtdoms feiern. Sie tanzen ausgelassen wie Mänaden und sind scheinbar voll des guten (oder weniger guten?) Weins. Auch hier haben wir es selbstredend mit einer Umprägung zu tun. Die Gesten ekstatischer Betroffenheit werden zu Triumphgesten umgedeutet.

Die zweite Annäherung ist umwegig. Ich möchte in diesem Essay folgendes zeigen: Warburgs Intuition, die Revolution Keplers habe zur Entdämonisierung der Welt beigetragen, lässt sich einlösen, wenn man zeigen kann, dass die Physikotheologie eine Übersetzung dieser Einsichten bietet, denn zunächst war Keplers Einsicht für breite Bevölkerungsschichten mit Angst besetzt. Erst als die Physikotheologie im Kleinen eine neue Ordnung entdeckte und breitenwirksam vermittelte, trug die Keplersche Revolution für viele Menschen indirekt zur Entdämonisierung bei (Kittsteiner 1995).

Die Einlösung dieser These ist ebenfalls umwegig. Friedrich Daniel Ernst Schleiermacher ist es gewesen, der die Physikotheologie für seine eigene romantische Religionstheorie fruchtbar gemacht hat. Wenn man dem Kunsthistoriker Werner Busch glauben darf, dann hat Caspar David Friedrich von Schleiermacher alles gelernt. Beinahe. Ja.

5.2 Physikotheologische Moderne

Der Kunstwissenschaftler Werner Busch hat in seiner – wenn der Ausdruck erlaubt ist: großartigen – Monographie ›Caspar David Friedrich. Ästhetik und Religion‹ (2003, kräftig vorgedacht werden die Thesen bei Mädler 1998; vgl. auch Lankheit 1950) versucht zu zeigen, dass die Bildfindungen Friedrichs als Übersetzungen jener berühmten Religionstheorie gedeutet werden können, die Schleiermacher in seinen Reden ›Über die Religion‹ (1799) vorgestellt hatte. In den einschlägigen Biographien zu Schleiermacher, dem Platon-Übersetzer und größten protestantischen Theologen des ausgehenden 18. und beginnenden 19. Jahrhunderts, findet sich dazu nichts. Die umfangreiche und sehr präzise Arbeit von Kurt Nowak (Schleiermacher 2001) erwähnt den Maler nicht einmal. Und in der Tat: In Schleiermachers ›Ästhetik‹ (erst posthum veröffentlicht) finden sich keine Hinweise auf Friedrich. Briefliche Bemerkungen sind bisher ebenfalls nicht aufgetaucht. Diese Fehlanzeigen sind insofern überraschend, weil Schleiermacher in späteren Lebensjahren bei seinem Verleger Georg Reimer in Sackens Palais wohnte und Reimer in jener Zeit die größte Sammlung Friedrichscher Gemälde besaß. Sehr wahrscheinlich dürfte zudem sein, dass Schleiermacher in seiner Funktion als Ordentliches Mitglied der Sektion für den Öffentlichen Unterricht (diese Sektion wurde von Wilhelm von Humboldt geleitet, unterstellt war sie dem Innenministerium unter der Leitung Alexander Graf zu Dohna, beide alte Freunde Schleiermachers) eine Ausstellung in der Akademie der Künste zu betreuen hatte, die sich um die Teilnahme Friedrichs erfolgreich bemühte.

Ob Schleiermacher wirklich einen guten Zugang zur bildenden Kunst besaß, muss offen bleiben. Ludwig Börne jedenfalls hat sich über das Niveau der Kunstgespräche, das im Freundeskreis Schleiermachers herrschte, lustig gemacht. Bissig kommentiert er den Salon-Smalltalk der Herz, der engsten Freundin Schleiermachers, über die Kunst: »Da fing sie aber mit einem Kunstkenner ein langes und breites von Gemälden zu sprechen an, und da machte ich mich wieder über sie lustig. ›Das Fleisch dieses Malers gefällt mir nicht ... sein Fleisch ist gut ... sein Fleisch ist zu schwammig...‹ So ging es in einem fort; mir ward ganz übel. Ich glaubte bei einem Metzger zu sein.« (Rainer Schmitz 1984, 428)

Vielleicht war Schleiermacher wirklich nicht außergewöhnlich stark durch Gemälde affizierbar. Die These, Friedrich habe die ›Reden‹ Schleiermachers kongenial ›übersetzt‹, bleibt davon unberührt. Ich möchte diese These von Werner Busch ausdrücklich unterstützen und mit seiner Hilfe an einem zentralen Gemälde untermauern. Dazu erscheint es mir nützlich, sehr kurz zentrale Pointen der Schleiermacherschen Religionstheorie zu erinnern.

Man darf ohne zu übertreiben behaupten, dass Schleiermachers Reden ›Über die Religion‹ zu den auch literarisch wertvollsten und pikantesten Stücken protestantischer Religionskultur zählen. Erste Anläufe unternahm Schleiermacher in der Zeit, als er mit dem Enfant terrible Friedrich Schlegel in einer romantischen Kommune lebte, genauer: Schlegel, ein abgebrochener Banklehrling, hatte sich kostengünstig bei Schleiermacher einquartiert. Ausgeführt hat Schleiermacher die ›Reden‹, von seiner Freundin und Muse Jette Herz nahezu täglich dazu ermuntert, als er in Potsdam den Hofprediger Bamberger vertreten musste.

Zunächst anonym veröffentlicht – Schleiermacher verstand es im wahrsten Sinne des Wortes zu verschleiern –, machten die ›Reden‹ schnell Karriere, wurden zu einem theologischen Longseller. Markige Sätze, aus dem Zusammenhang gerissen, können noch heute erstaunen – etwa: »(W)er einen Unterschied macht zwischen dieser und jener Welt, betört sich selbst, alle wenigstens welche Religion haben, glauben nur an Eine.« (Schleiermacher, 1958,

19) Offensichtlich ist der Himmel leer. Es gibt keine Hinterwelt. Oder: »daß (der, K.H.) Glaube an Gott abhängt von der Richtung der Phantasie« (72). Das schreit förmlich nach der Religionskritik eines Feuerbach. Oder: »Mitten in der Endlichkeit Eins werden mit dem Unendlichen und ewig sein in einem Augenblick, das ist die Unsterblichkeit der Religion.« (74) Etwas mehr hatte man von der christlichen Religion eigentlich schon erwartet. Oder?

Der Paukenschlag, mit dem Schleiermacher der Theologie eine entschieden neue Richtung gibt, ist die behauptete *Selbständigkeit der Religion*, und damit ihre dezidierte Unabhängigkeit von Metaphysik und Moral. Die Religion hat, wie er sagt, »eine eigene Provinz im Gemüte (...), in welcher sie unumschränkt herrscht« (20). Diese Emanzipation von Metaphysik und Moral unterstreicht er so: »Ihr (der Religion, K.H.) Wesen ist weder Denken noch Handeln, sondern Anschauung und Gefühl. (...) sie will im Menschen nicht weniger als in allen andern Einzelnen und Endlichen das Unendliche sehen, dessen Abdruck, dessen Darstellung.« (29) Das Endliche enthält immer schon das Unendliche in sich, drängt über sich hinaus. »Religion ist Sinn und Geschmack fürs Unendliche« (30), Ziel also ein »höherer Realismus« (31).

Der romantische Containerbegriff des Unendlichen wird von Schleiermacher konkretisiert durch den Begriff des Universums. »Anschauen des Universums, ich bitte befreundet Euch mit diesem Begriff, er ist der Angel meiner ganzen Rede.« (31) Nun ist dieser Begriff auch in der Schleiermacher-Literatur höchst zwiespältig interpretiert worden. Zunächst einmal ist ganz nachdrücklich zu betonen, dass das Universum sich offenbart. »Alles Anschauen gehet aus von einem Einfluß des Angeschauten auf den Anschauenden, von einem ursprünglichen und unabhängigen Handeln des ersteren (...) das Universum ist in einer ununterbrochenen Tätigkeit und offenbart sich uns jeden Augenblick.« (32) Deshalb ist in den ›Reden‹ auch wiederholt von Demut und Duldsamkeit die Rede. »Ihr wißt, was Religion sprechen heißt, kann nie stolz sein; denn sie ist immer voll Demut.« (8) »Ihr seht wie unmittelbar diese schöne Bescheidenheit, diese freundliche, einladende Duldsamkeit aus dem Begriff der Religion entspringt.« (35) Und weil die Religion im Gefühl verortet wird, lässt sich das menschliche Handeln in religiöser Hinsicht als Tönung interpretieren. »Alles eigentliche Handeln soll moralisch sein und kann es auch, aber die religiösen Gefühle sollen wie eine heilige Musik alles Tun des Menschen begleiten; er soll alles mit Religion tun, nichts aus Religion.« (38f.)

Das *Handeln des Universums* selbst ist geheimnisvoll, aber eine alltägliche Urszene konkretisiert Schleiermachers Intuition. In der liebenden Umarmung, der mystisch-erotischen Verschmelzung, wird dieser geheimnisvolle Augenblick erfahrbar: Es ist jener Augenblick, »der bei jeder sinnlichen Wahrnehmung vorkommt, ehe noch Anschauung und Gefühl sich trennen, wo der Sinn und sein Gegenstand gleichsam ineinander geflossen und Eins geworden sind, ehe noch beide an ihren ursprünglichen Platz zurückkehren – ich weiß wie unbeschreiblich er ist, und wie schnell er vorüber geht (...). Die geringste Erschütterung, und es verweht die heilige Umarmung, und nun erst steht die Anschauung vor mir als eine abgesonderte Gestalt, ich messe sie, und sie spiegelt sich in der offenen Seele wie das Bild der sich entwindenden Geliebten in dem aufgeschlagenen Auge des Jünglings (...). Dieser Moment ist die höchste Blüte der Religion.« (41f.) Nur transitorisch gelingt diese Einheit und deshalb ist dem romantischen Gefühl immer eine »heilige Wehmut« (166) beigemischt.

Wenn aber das Universum für Schleiermacher nicht der fertige Kosmos ist, sondern die geheimnisvolle Lebendigkeit der unendlichen Wirklichkeit, dann stellt sich die Frage, in welchen Fragmenten sich dieses Universum darstellt. Ich schlage vor, zwei fragmentarische Darstellungen zu unterscheiden. Zunächst betont Schleiermacher das naturgesetzliche Element: »Was in der Tat den religiösen Sinn anspricht in der äußern Welt, das sind nicht ihre Massen sondern ihre Gesetze.« (46) Ergänzen muss man den Satz mit einer anderen Bemerkung: »(I)m inneren Leben bildet sich das Universum ab, und nur durch das innere wird das äußere verständlich.« (49) Als zweite fragmentarische Darstellung nennt Schleiermacher deshalb die Menschheit: »Die Menschheit selbst ist Euch eigentlich das Universum.« (50) Menschheit wird hier verstanden als Menschheitsgeschichte: »Die verschiedenen Momente der Menschheit aneinander zu knüpfen, und aus ihrer Folge den Geist in dem das Ganze geleitet wird erraten, das ist ihr höchstes Geschäft. Geschichte im eigentlichsten Sinn ist der höchste Gegenstand der Religion.« (56) Weil sich das Unendliche immer nur in Darstellungen zeigt und auf das Angeschaut-werden des Einzelnen verwiesen ist, benötigt man die Augen der ganzen Menschheit, um dem nicht zugänglichen Einen und Ganzen ansichtig zu werden.

Für meinen Zusammenhang sind noch folgende Eigentümlichkeiten der schleiermacherschen Religionstheorie wichtig: Einerseits steht die Romantik im Gedächtnis der Menschheit für die Hochschätzung der Individualität, der Eigentümlichkeit. Mit allen Konsequenzen. An der sklavischen Befolgung des daraus folgenden Toleranzedikts ist Schleiermacher in seiner eigenen Ehe letztlich gescheitert (Huizing 2005). Paradoxerweise lehrt die Romantik aber immer auch das genussvolle Aufgehen im Ganzen. »Strebt darnach schon hier Eure Individualität zu vernichten, und im Einen und Allen zu leben.« (73) In den Briefen Schleiermachers ist wohl nicht zufällig immer wieder eine ganz offen benannte Todessehnsucht auszumachen.

Ein zweites kommt hinzu: Wer einmal eine Offenbarung, also ein *Handeln* des Universums erlebt hat, wer also erfahren hat, »wie auf einmal mitten unter dem Endlichen und Einzelnen das Bewusstsein des Unendlichen und Ganzen sich in ihm entwickelt hat« (158), den drängt es auch dazu, sich anderen mitzuteilen, er ist Mittler im pointierten Sinne des Wortes. »Ist die Religion einmal, so muß sie notwendig auch gesellig sein.« (98) Geselligkeit gehört also zu den Konstituentien von Religion. Hier schlägt noch einmal der Freundschaftskult der Romantik durch. *Freunde* verbindet eine Anschauung des Universums.

Die Offenheit der Religionstheorie Schleiermachers für die Künste ist oft bemerkt worden. Schleiermacher selbst hat sie in seiner in der Berliner Akademie vorgetragenen ›Ästhetik‹ (1819) benannt. Gleichermaßen Quellort der Religion wie der Kunst ist das Gemüt, genauer: die Phantasie. Für die Kunstproduktion ergibt sich daraus ein Dreischritt von Erregung (Inspiration), Besinnung (Reflexion) und Ausführung (Produktion). Allerdings arbeitet Schleiermacher mit einer Überlegenheitsunterstellung der Religion: nur die Religion könne die Erfahrung der schlechthinnigen Abhängigkeit von Gott (positiv [!] verstanden als umfassende und erlösende Wirklichkeit) vermitteln.

Ich bin mir da nicht ganz so sicher. Wenn man etwa zeigen kann, dass in den Gemälden Caspar David Friedrichs eine religiöse Erfahrung gemacht werden kann, die tröstet, dann ist – vielleicht auch entgegen der Überlegenheitsunterstellung Schleiermachers – die bildende Kunst sehr wohl in der Lage, Religion im strikten Sinne zu kommunizieren. Testen möchte ich die Lesart an Caspar David Friedrichs Gemälde *Zwei Männer in Betrachtung des Mondes* (um 1819).

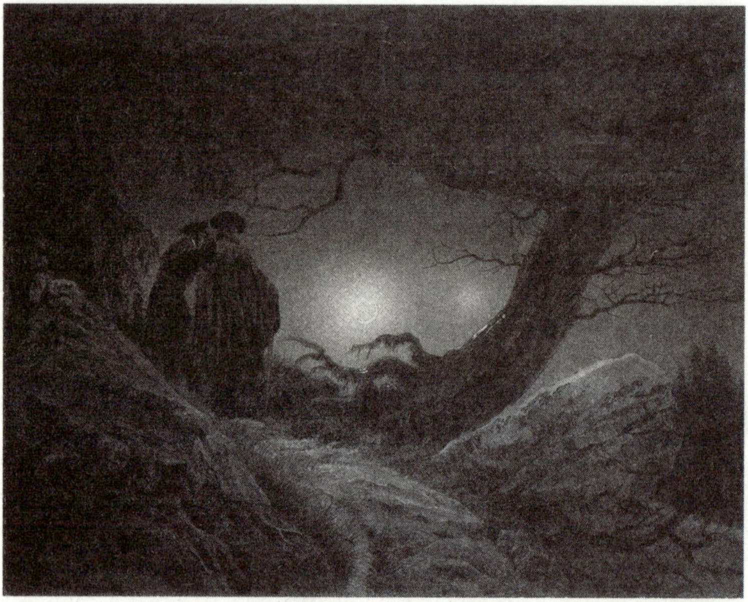

Caspar David Friedrich, Zwei Männer in Betrachtung des Mondes (um 1819)

Schleiermachers Text vor Augen, fällt die exemplarische Bildfindung auf: Zwei Männer sind in einer Anschauung *demütig* versunken. »Die von Schleiermacher geforderte Passivität im Vollzug der Anschauung und die Handlungslosigkeit Friedrichscher Figuren, die in Anschauung versunken sind und aus der Anschauung nicht etwa eine Handlungsanweisung ableiten können, sondern in der Kontemplation des Göttlichen verharren, sind zwei Seiten einer Medaille.« (Busch 2003, 170) Treffend erwähnt Busch auch die naturgenaue Wiedergabe aller Bildgegenstände, weil jedes »Eigentümliche in sich das Gesetz des Göttlichen trägt« (ebd.). Und ist nicht Schleiermachers oft zitierte Häme gegen die ›Buchstabentheologen‹, gegen ihre ›Formelkostüme‹ (16) und das ›kalte Argumentieren‹ (15) ein Movens für Friedrich gewesen, auf Anleihen aus der christlichen Ikonographie zu verzichten? Entsprechen sich nicht Friedrichs Bekenntnis: »Die Zeit der Herrlichkeit des Tempels und seiner Diener ist dahin, aus dem zertrümmerten Ganzen eine andere Zeit und anderes Verlangen nach Klarheit und Wahrheit hervorgegangen« (zitiert nach Busch 2003, 171) und Schleiermachers berühmter Satz aus seiner Religionsschrift: »Ich wollte es, und gerne stände ich auf den Ruinen der Religion, die ich verehre« (171)? Die toten Formeln der Tradition sollen, so viel ist sicher, ersetzt werden durch religiöse Erfahrung.

Typisch für die Bildfindung Friedrichs sind die Rückenansichten der Personen, die den Betrachter zu einer Identifikation einladen. Für den ungeübten Betrachter ist es eher der Jüngere, der auf den Älteren als Mittler verweist. Demütig schauen beide auf den zunehmenden Mond und die Venus. Es ist der Beginn der Nacht. Immergrüne Tannen im Hintergrund kontrastieren mit einer halb entwurzelten und moosbewachsenen Eiche und Felsformationen im Vordergrund. Die für Friedrich nicht außergewöhnlichen Sepia-Töne, die eine leichte Melancholie verströmen, beherrschen die Farbpalette. Als Figuren abgebildet sind mutmaßlich Friedrich selbst (wie schon auf dem Gemälde *Mönch am Meer*), hier auf einen Stock gestützt, und sein Lieblingsschüler August Heinrich, der sich an ihn lehnt. (Andere Quellen behaupten, es sei Friedrichs Schwager und Schüler Christian Wilhelm Bommer mit August Heinrich.) Noch einmal der kongeniale Interpret Busch: »Geschichtlichkeit, Vergänglichkeit vorn, die ewig sich erneuernde Kraft der Natur hinten. Wichtiger noch scheint die Gegenüberstellung von greifbarer Nähe und abrupt sich einstellender ungreifbarer Ferne. Gemildert erscheint der Sprung von vorne nach hinten durch zweierlei: durch die stille vertraute Zuwendung der beiden Männer, in denen sich der romantische Kult der

Freundschaft zu spiegeln scheint, und das milde Licht des Mondes, das etwas Einhüllendes hat und eine Sehnsucht nach den Ursprüngen auslösen mag. Die Sichel des Mondes schwebt, und eine Schwebeerfahrung, d.h. ein unbestimmtes Fortdauern einer Grundstimmung, scheint das Bild auch für den Betrachter zu erzeugen. So scheint es eingängig zu sein, in seiner sanften Melancholie zur Vertiefung zu führen, ja zur Identifikation einzuladen.« (172f.)

In der kunstgeschichtlichen Literatur hat man drei Deutungsmodelle unterschieden: eine religiöse, eine politische und eine naturmystische. In der Regel werden jeweils in den Deutungsangeboten einzelne Motive eindeutig zugeordnet: dann steht in der religiösen Deutung die Eiche für das Heidentum, der zunehmende Mond für Christus, der durch die Nacht des Todes hindurchgegangen ist. Oder in der politischen Deutung wird aller Nachdruck darauf gelegt, dass die Männer den altdeutschen Rock mit Samtbarett, die Kleidung der Demagogen tragen, die durch die Karlsbader Beschlüsse unter der Leitung Metternichs inzwischen verboten worden war. (Schleiermachers Schwager Ernst Moritz Arndt hatte, wie Busch deutlich machen kann, die altdeutsche Tracht gleichsam in einem Aufsatz erfunden.) Offensichtlich erwarten die Männer eine gegen die feudale Reaktion sich aufklärende bessere Zukunft. Beide Deutungen werden – bei unterschiedlicher Aufladung der einzelnen Elemente (Eiche als Metapher für das Heidentum oder als urdeutsche Kraft) – über das Hoffnungsmotiv verbunden. Die naturmystische Deutung schließlich arbeitet sehr viel schlichter mit der Spannung von Vordergrund und Hintergrund und deutet den Mond sehr vorsichtig als Symbol romantischer Sehnsucht.

Gegen die häufig behauptete Gleichwertigkeit der drei Interpretationsmodelle ringt sich Busch zu einer definitiven Sicht der Dinge durch, mit gutem Grund, denn letztlich ist auch die in modernen Theorieapotheken angepriesene Sinnoffenheit eine autoritäre Setzung. Busch geht dabei, wenn ich ihn recht verstehe, von der schleiermacherschen Interpretation aus, in den Gesetzen der Natur eine fragmentarische Darstellung des Universums zu erkennen. Schleiermacher schärft aber ausdrücklich ein: »Was das gemeine Auge von diesen Gesetzen zuerst wahrnimmt, die Ordnung in der alle Bewegungen wiederkehren am Himmel und auf der Erde die bestimmte Laufbahn der Gestirne und das gleichmäßige Kommen und Gehen aller organischen Kräfte, die immerwährende Untrüglichkeit in der Regel des Mechanismus, und die ewige Einförmigkeit in dem Streben der plastischen Natur; das ist an dieser Anschauung des Universums gerade das wenigste.« (46)

Wie sind die Naturgesetze dann zu deuten? Ich denke, man kommt hier nur weiter, wenn man die Nähe dieser Sätze zu Überlegungen der so genannten Physikotheologie auslotet. Im 18. Jahrhundert hatte die Physikotheologie, sie geht zurück auf einen Buchtitel von William Derham (1714), einen gewaltigen Aufstieg erlebt. Es gab über 800 gedruckte Arbeiten zum Thema. Ausgehend vom alltäglichen Staunen über die Natur, glaubte man durch die rasant zunehmenden naturwissenschaftlichen Erkenntnisse zu einer vertieften Einsicht in das Wesen der Naturdinge zu kommen. So gab es ernsthafte Versuche etwa zu einer Fisch-, Heuschrecken-, Gras-, Schnee-Theologie. Die entdeckten Eigenschaften der Naturdinge wurden auf ihren Sinn für das Naturganze befragt, das sich als sinnvolle Einheit zu erkennen gab und damit zum Gotteslob anhielt. Dieser Vorstellungskomplex inspirierte Dichter wie B.H. Brockes zu poetischen Großversuchen. (Kant hatte zwar den physikotheologischen Gottesbeweis, also den Rückschluss von der schönen Ordnung und der Zweckmäßigkeit auf das Dasein einer ersten Ursache, Gott, als strengen Beweis widerlegt, aber bereits Goethe ließ ihn als ›Gefühl‹ erneut gelten.) Caspar David Friedrich – er hat offenbar die Physikotheologie während seiner Studien in Dänemark kennen gelernt – variiert den Gedanken und überträgt ihn auf die Malerei: Es geht um die ganz *konkrete Anschauung* dieser Vollzüge, die eine religiöse Erfahrung erlauben.

Quälend genau malt Friedrich seine konkret angeschauten Bildgegenstände, weil sie endliche Darstellungen einer universalen Struktur sind. Die Landschaften sind hochartifizielle Kompositionen, die eine Synopse idealtypischer Motive in idealtypischer Staffelung präsentieren. Sklavisch an die Topographie hält Friedrich sich nie. Man findet seine Landschaften in der Natur nirgendwo, sie sind Denkbilder im besten Sinne des Wortes. (In gewisser Wei-

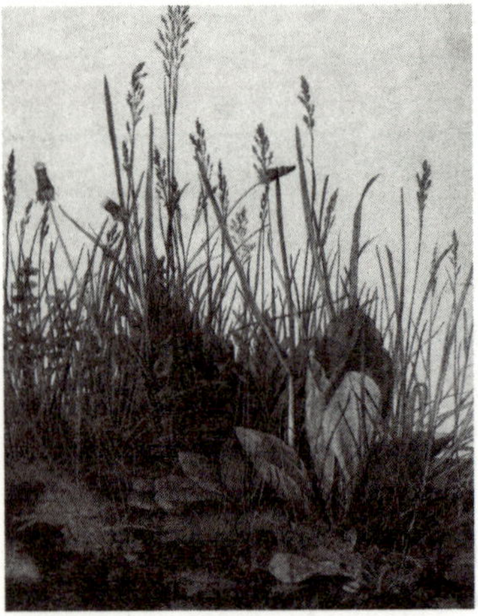

Albrecht Dürer, Das große Rasenstück (1503)

se hat Dürer in seiner Arbeit *Das große Rasenstück* von 1503 diese Sichtweise vorgeprägt.)

Busch hat nun zeigen können, dass Friedrich neben der physikotheologischen Genauigkeit seiner Gegenstände auch die Naturgesetze der Malerei eingesetzt hat, um eine religiöse Erfahrung zu vermitteln. Das Universum, so kann man pointieren, handelt am Betrachter. Wenn Friedrich die Naturordnung und ihre Gesetze in eine ästhetische Ordnung übersetzt – »die waagerechte Mittelachse des Bildes und die rechte Senkrechte des Goldenen Schnitts« schneiden sich »im Leuchtpunkt des Abendsterns« und »die obere Waagerechte des Goldenen Schnitts (verläuft) exakt durch das Auge des älteren Mannes« (Busch 2003, 179) – dann ist diese »geometrische Ordnung nicht Wiedergabe der Naturordnung als Produkt eines analytischen Verstandes, der Logik, sondern eine Anleitung zum Nachvollzug der Gefühlserfahrung, mithin Religion. (...) Die geometrische Figur ist ebenfalls Mittler. Sie eröffnet angesichts der individuellen Natur die Möglichkeit ihrer Transzendierung als einer prozessualen Erfahrung. Der Blick des Alten auf der Bahn des Goldenen Schnitts transportiert die Erscheinung des Endlichen in die Erfahrung des Unendlichen.« (184) Schließlich steht auch die durch farbige Lasuren angelegte Malweise – nur der Mond als Lichtquelle ist deckend gemalt worden – für eine »Anschauungseröffnung« (185), die eine Transzendenzerfahrung initiiert.

Die demütige gestische Haltung der Hauptfiguren ist aber vielleicht nicht ganz so originell, wie die Monographie von Busch nahe legt. Georg Christoph Lichtenberg (1742-1799) veröffentlichte in zwei Bänden (1780 und 1785) mit Tafeln von Daniel Nikolaus Chodowiecki seinen *Versuch zu einem Orbis pictus für deutsche dramatische Schriftsteller, Roman-Dichter und Schauspieler.* Chodowiecki stellt in seinen Tafeln natürliche und durch höfische Etikette bedingte affizierte Haltungen, die eine gewisse Nähe zur antiken Ausdruckskunst bewahrt haben, gegenüber. Für meine Zwecke interessant ist die Abbildung *Empfindung – Sentiment.* Ist auf der rechten Tafel die Gestik noch sehr stark an die *Affekte* gebunden, so hat sich auf der linken Tafel die Empfindung in der Innerlichkeit, dem neu entdeckten bürgerlichen *Gefühl*, eingenistet. Auf diesem Stich herrscht die später von Schleiermacher herausgestellte Passivität vor. Das Universum handelt, das Paar schaut demütig dem Sonnenuntergang zu, die Empfindung hat sich nach innen verlagert (vgl. Barta 1987).

Caspar David Friedrich war dafür prädestiniert, diese neue Gestik darzustellen. Er entstammte einem pietistischen Elternhaus. Naturmystische Erfahrungen, seine Auseinandersetzung mit der Physikotheologie und die romantische Umsetzung dieser Ein-

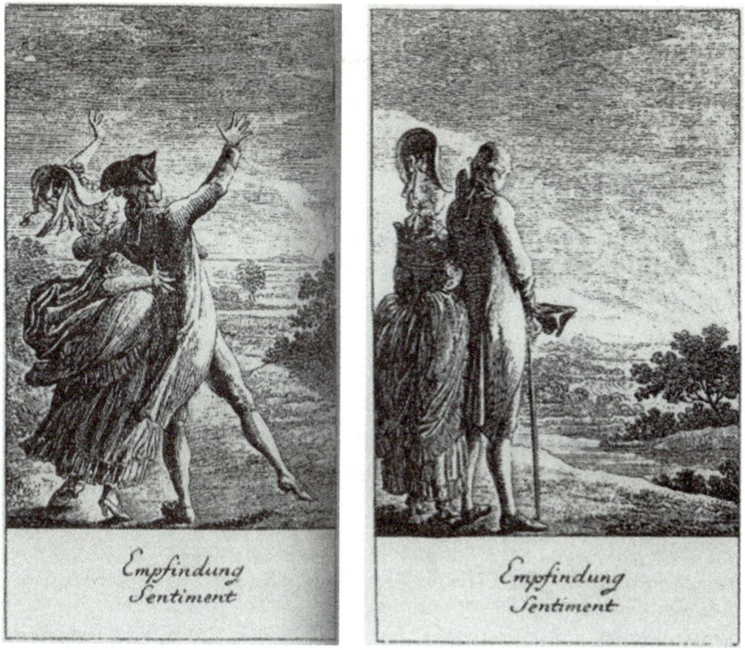

Daniel Nikolaus Chodowiecki, Empfindung – Sentiment (1780)

flüsse dürften dazu beigetragen haben. Selbstredend steht auch der ehemalige Herrnhuter Schleiermacher exemplarisch für diesen Übergang. Er hat ihn übrigens in jungen Jahren hautnah miterlebt. Als er im Salon der Jette Herz verkehrte, gehörte Johann Jakob Engel zu den engsten Freunden ihres Mannes Marcus Herz, der in den gebildeten Kreisen Berlins als Lieblingsschüler Kants galt. Engel war im besten Sinn des Wortes ein Popular-Philosoph; er veröffentlichte neben seinen philosophischen Schriften einen Roman, der in der Theaterversion in Jena mehrfach aufgeführt wurde, seine größte Leistung bestand aber darin, ein vor allem für die aufstrebende bürgerliche Schauspielkunst viel gerühmtes Buch ›Ideen zu einer Mimik‹ geschrieben zu haben, ausgestattet mit Illustrationen von Johann Wilhelm Meil. Die denkende und empfindende Seele drückt sich, so Engels Intuition, in Gesten aus. Es geht also nicht länger (nur) um die Affekte, die sich zeigen, son-

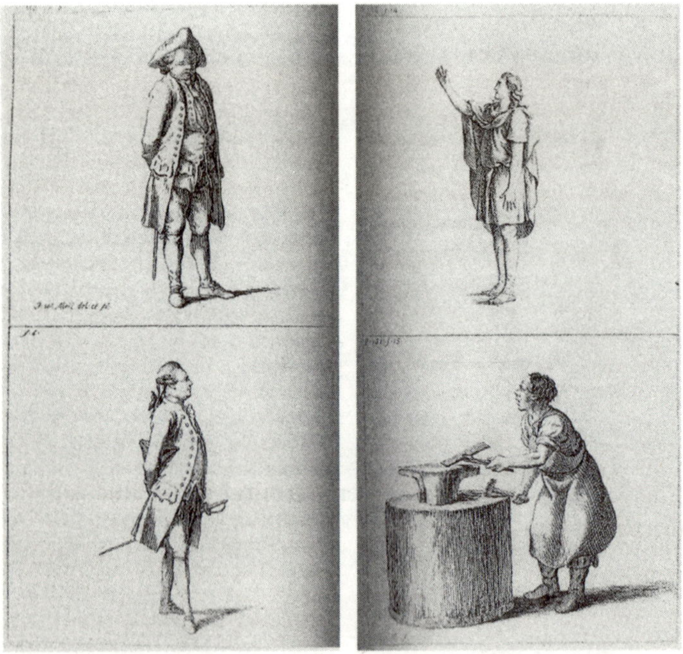

Johann Wilhelm Meil, Illustrationen zu Johann Jakob Engel, Ideen zu einer Mimik (1785-86)

dern um die ins Innere verlagerten Gefühle, die sich am ganzen Körper, nicht nur verdichtend in der Hand, zeigen. So demonstrieren etwa die links abgebildeten Figuren bei gleicher Armhaltung eine ganz unterschiedliche Seelenverfassung: hier präsentiert sich ein Mann ohne Körperspannung dumpf und phlegmatisch, unachtsam und sorglos, dort ist diese Haltung der Sorglosigkeit gepaart mit Stolz.

Als Studienbuch für die Schauspieler hat Engel natürlich auch die klassischen Pathosformeln bebildert, Gesten der Angst und Bestürzung etwa. Er hat aber auch gezeigt, wie abhängig von Bildung und Stand sich Eindrücke äußern. So hat er den Ausdruck des Erstaunens (vor dem Heiligen) einmal bei einem gebildeten Jüngling durch die erhobene und gespreizte rechte Hand ausgedrückt, ein Schmied hingegen bringt sein Erstaunen nur durch einen offenen Mund zum Ausdruck.

5.3 Kleiner Ertrag

Schleiermacher und Friedrich versinnlichen eine romantische Urintention: *Das Universum handelt.* Aus der Anschauung des handelnden Universums entspringt eine *duldsame Gestik*, die idealtypisch in der *freundschaftlichen Umarmung* abgebildet wird. Das Universum stellt sich, so die Pointe Schleiermachers, zweifach dar: einmal in der Menschheitsgeschichte und die Bilder Caspar David Friedrichs sind so inszeniert, dass der Betrachter sich mit den Rückenakten identifizieren und selbst eine Anschauung des Universums machen kann, sodann in der physikotheologischen Konkretion der Naturgesetze, die Friedrich unnachahmlich präzise bebildert.

Klassische Fortschreibungen der Warburg-Antike sind im Werk Friedrichs auf den ersten Blick marginal. Sieht man aber genauer hin, dann zeigt sich, wie Friedrich eine durch Schleiermacher angeleitete physikotheologische Umsetzung der durch Kepler angestoßenen Entdämonisierung des Universums bedient. Er nimmt damit einen zentralen Platz in der großen Erzählung ein, die Warburg verfolgt, der Erzählung von der Entängstigung der Welt.

6. Die zärtlichen Begegnungen der Nazarener

6.1 Spätromantische Antike

Mit den Nazarenern war in der Kunstgeschichte lange kein Staat zu machen. Wenig zimperlich wurden sie, deren Name schon verdächtig war, aus den Bildersälen öffentlicher Institute verdrängt. Wer unter den Kunsthistorikern, unentstellt von der Koketterie zu provozieren, hätte je laut für diese Kunst seinen Ruf aufs Spiel gesetzt? Sie galten, um das bleischwere Prädikat sofort einzusetzen: als extrem kitschverdächtig, als Agenten einer Fortzauberung aus der Welt, als modernitätsuntüchtig, als – bestenfalls – religiöse Halbstarke. Und geschadet hat ihnen vor allem, dass sie in Bevölkerungsschichten eine Fan-Gemeinde besaßen, die nicht zu den Eliten zählte, die sich allenfalls religiöse Stiche in die Schlafzimmer holten, um damit das eigene schlechte Gewissen zu überlisten. Im verwackelten Nachbild erinnern sich diejenigen, die die Hüter der Kunstgeschichte sind, noch mit Grausen an die Reproduktionen, denen sie vielleicht im eigenen Elternhaus ansichtig wurden und die beinahe, wenn die eigene Panzerung nicht so stark gewesen wäre, den Geschmack und das verständige Urteil auf immer ruiniert hätten. Man musste in der Tat sehr stark sein, wenn man nicht ein Opfer dieser verspießten Rezeption werden wollte. Deshalb zunächst eine sehr langsame Einstimmung.

»Der Regen hielt ungewöhnlich lange an, wir waren aber dennoch sehr glücklich, denn wir waren in Rom! In Frau von Humboldt, der gegenüber wir unser kleines Quartier bereit fanden, umarmte ich eine längst bewährte Freundin, in den Söhnen des Friedrich Schlegel liebe junge Freunde, die ich wie Söhne selbst liebe, da sie meinem Herzen durch die Liebe der Mutter nahe verwandt sind; in den beiden Schadows sah ich alte, gute Bekannte, und ebenso machte ich in den ersten Tagen die Bekanntschaft von Cornelius und Overbeck. Bin ich in meiner Unkunde und Unwissenheit in der Kunst schon nicht berechtigt, etwas darüber auszusprechen, so darf ich Ihnen jedoch sagen, daß die Arbeiten dieser jungen Männer mich wunderbar, jedes nach seiner Individualität, ergriffen. Den jüngsten Schadow sah ich beim Abschiede von Berlin als einen zierlichen jungen Weltmann und eleganten Porträtmaler, der durch einige ähnliche Porträts vornehmer Personen schon eine Art von Ruf hatte, der ihn über Gebühr eitel machte. Den jüngsten Veit (Philipp, den Sie wohl von Dresden her kennen) sah ich als Anfänger der Malerkunst Berlin verlassen, nachdem er von der schönen Prinzeß Wilhelm ein gut gedachtes, aber dürftig und schwach ausgeführtes Bild gemalt hatte. Von Overbeck kannte ich ein kleines Madonnenbildchen mit steifen Falten und gelben steifen und starren Haaren, von Cornelius Zeichnungen zum Faust und den Nibelungen – nichts in Farben –, und wie fand ich alle diese jungen Leute, nachdem ich sie ganz anders zu finden, nach Goethes Main- und Rheinreise glauben mußte! Schadow war ein Porträtmaler geworden, der jedes Porträt zum Tableau erhöhte, so wie in seinen Kompositionen sich stilles frommes Gemüt ausspricht, und zwar auf die lieblichste Weise durch Form und Farbe. Philipp Veit, der im Jahre 11 sein erstes Ölbild malte, dessen Studien durch den Freiheitskrieg Deutschlands, den er mitgemacht hatte, unterbrochen wurden, hatte Riesenschritte gemacht, und stehen seine Gestalten und Umgebungen vielleicht jenen an Lieblichkeit nach, so drücken sie doch ebenso tiefen Sinn auf vielleicht kräftigere Weise aus. Overbeck verbindet mit eben diesem tiefen, stillen Sinn eine ungewöhnliche Grazie in Männer- und Frauengestalten. Cornelius steht vor allen hoch da, und alles, was ich früher von ihm gesehen hatte, verschwindet gegen das, was er seitdem gemacht hat und jetzt macht. Der tiefe Ernst in den älteren Mannesköpfen, die Milde und Männlichkeit und sogar Lieblichkeit und Innigkeit in den jüngeren, die hohe Weiblichkeit in den Frauenköpfen ist in allen seinen Kompositionen gleich groß und schön. Bartholdy, der preußische General-Konsul, gab den vier Genannten zuerst Gelegenheit, ihr Talent in der Freskomalerei zu zeigen, und das kleine Zimmer, das er in der gemieteten Wohnung konnte malen lassen, enthält viel, sehr viel Schönes, und jetzt läßt der Marchese Massimi in seinem Paläste zwei Säle malen – den Dante und den Tasso – d.h. die Haupt- und bedeutenden Nebenmomente beider Gedichte darstellend. (...) Lassen Sie uns den Geist, der über jene gekommen ist, nicht tadeln, wenn er auch etwas in sie gebracht, das vielleicht aus ihnen wegzuwünschen wäre. Ist es in unserer Macht, zu sagen, daß sie so streng sittlich, so gründlich künstlerisch, so rechtlich, wacker, fromm und treu wären, wenn sie geblieben, was sie waren? Und das (was?, K.H.) waren die meisten? Etwa Protestanten? Nein – sie waren nichts, sie waren ohne alle Religion, denn wären sie Protestanten im wahren Sinne des Wortes gewesen, so könnten sie ja wohl alles gewesen und geworden sein, was sie jetzt als Katholiken sind.« (Rainer Schmitz 1984, 395ff.)

Autorin dieser Zeilen ist die ehemalige Salondame Jette Herz. Im ausgehenden 18. Jahrhundert hieß es, wer diese Sehenswürdigkeit von Berlin nicht gesehen habe, habe Berlin nicht gesehen. Ohne zu übertreiben darf man behaupten, dass sie die Romantik mitgeprägt und ihr Stil verliehen hat. Sie vermittelte in dem Skandal um die Scheidung und anschließende Heirat ihrer Freundin Dorothea Veit mit dem *spiritus rector* der Romantik: Friedrich Schlegel. Sie organisierte die Wohngemeinschaft zwischen dem hyperaktiven Schlegel und dem noch verpuppten Theologen Schleiermacher. Und sie war lebenslang Schleiermachers ›tragische Muse‹ (Huizing 2005). Sie auch nahm während ihres Aufenthalts in Rom regen Anteil an der Entwicklung der Söhne Dorothea Schlegels, die zu den Mitgliedern der Nazarener gehörten. Sie, die frisch zum Protestantismus konvertierte Herz, lässt es in dieser Textstelle auch nicht an kleinen Puffen gegen das Katholisieren der Nazarener fehlen (obwohl viele Protestanten zu den Nazarenern zählten), zumal sie die Doppelkonversion ihrer Freundin zunächst zum Protestantismus und dann gemeinsam mit Schlegel zum Katholizismus nicht wirklich goutiert hat. Aufgeschlossen für die Kunst der Nazarener musste sie sein, weil viele Grundüberzeugungen der Romantik in dieser Künstlergruppe in erstaunlicher Radikalität gelebt wurden.

In der Tat gehört es zu den Ironien der Kulturgeschichte, dass die Nazarener ihren Bildern, wie zu zeigen, einen starken Reflexions-Begriff zu Grunde legten und Gedankenkunst vorlegten, die ihre Bewunderer – zugegeben – äußerst verkürzt rezipierten. Lange verhöhnt, allenfalls als Notbehelfe zur Illustrierung schlechter Romantik eingesetzt, werden die Nazarener inzwischen neu entdeckt und ihre Modernität gewürdigt. (Vgl. den Ausstellungskatalog der Kunsthalle Frankfurt, Schirn, mit den ausgezeichneten Aufsätzen von Metzger und Grewe.) Jetzt erkennt man ihren Arbeiten modernitätsgerechte Begriffe wie *Authentizität, Konzeptionalität* oder *Projektcharakter* zu (Metzger 2005, 37ff.). Und – so darf man gegen ihre trainierten Verächter und tumben Bewunderer gleichermaßen ergänzen – sie haben auch religiös ein erstaunlich hohes Ausdruckspotential. Noch einmal werden, was Caspar David Friedrich nicht für möglich gehalten hat, aus der christlichen Ikonographie Funken geschlagen. Und diese zünden erst heute. Funken können offensichtlich im günstigen Klima der Depots lange überleben.

Die Nazarener bildeten zunächst eine Künstlergruppe, die sich als Lukas-Bund (der Evangelist Lukas gilt in der christlichen Ikonographie als der Schutzheilige der Maler) in Wien etablierte. Zunächst schlossen sich sechs Wiener Studenten zu dieser Gruppe zusammen, später traten Wahlverwandte, etwa der oben genannte Wilhelm Schadow aus Berlin, dieser Gruppe bei. Sie waren vielleicht die ersten Sezessionisten (vgl. Rainer Metzger 2005, 43), also Abspalter, die nicht länger nach dem Diktat der Wiener Akademie arbeiten wollten, die, darin waren sie sich einig, deren Oberflächlichkeit und Dekadenz verurteilten und eine Erneuerung der Kunst aus dem Geist des Christentums anstrebten. Das Gefühl wurde – ganz im Sinne Schleiermachers – zur verbindenden Kategorie von Kunst und Religion. Als Projekt planten sie eine neue, aus christlichem Gefühl gespeiste *Andachtsmalerei.*

Die Zuschreibung ›Nazarener‹, durchaus nicht zur Denunzierung erfunden, entstammt den Jahren in Rom, weil ihre Haartracht an die gängige Ikonographie der Jesusporträts erinnerte und sie in ihrem Habitus des freundlichen Auftretens und ihrer männerbündlerischen Lebensweise das Lebensmodell des Nazareners zu kopieren schienen. Wenn die Kontrastharmonie erlaubt ist: Sie waren *ästhetische Klosterbrüder,* die sehr selbstbewusst erneut eine Idee von Reinheit in die Kunst einführen wollten. »Als Medium dieser Unschuld, die mit dem berühmten Gegensatzpaar

Friedrich Schillers nicht ›naiv‹ sondern ›sentimentalisch‹ motiviert ist, dient das Verlernen. Die Beschwörung eines ›Werdens wie die Kinder‹ ist das vielleicht häufigste Thema in der Korrespondenz der Nazarener.« (Metzger 2005, 42f.)

Verlernt werden sollte der akademisch müde gesiegte Stil. Eine Erneuerung schien nur möglich im Schritt zurück zu den Gründervätern der Malerei, deren Werke als kanonisch galten: Dürer und Raffael. Bei Dürer überzeugte die andächtige Frömmigkeit, bei Raffael die viel gerühmte Festigkeit der Kontur, also die ausgeprägte Umrisslinie seiner Figuren, die als Anzeichen für die religiöse und charakterliche Stabilität der Figuren und des Malers gleichermaßen gedeutet wurde. (Dass, wie bekannt, Raffael an Syphilis starb, hat die Nazarener nicht weiter beunruhigt.)

In seinen ›Herzensergießungen eines kunstliebenden Klosterbruders‹ hatte bereits Wackenroder, wie Schleiermachers ›Reden‹ eine Art Bibel der Nazarener, eine Begegnung zwischen Raffael und Dürer phantasiert: »(...) – und siehe! Da standen, abgesondert von allen, Raphael und Albrecht Dürer Hand in Hand leibhaftig vor meinen Augen.« (Wackenroder 1991, 95; vgl. Buntfuss 2005) Diese Geste des »Hand in Hand« wird, wie zu zeigen, zur zentralen Geste der Nazarener.

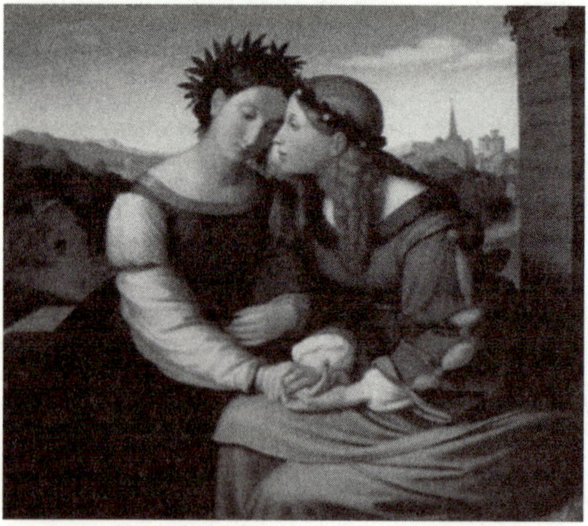

Johann Friedrich Overbeck, Italia und Germania (1828)

Johann Friedrich Overbeck überträgt dieses Modell idealtypisch in seinem Gemälde *Italia und Germania.* Auffällig ist hier neben der starken Konturierung der Figuren, der Glätte der Gesichter und der raffaelitischen Landschaftsstilisierung die *zärt-*

liche Verschränkung der Hände, die am sinnfälligsten das Grundgefühl der Nazarener ausdrückt. Das Halten mit beiden Händen, und die leicht vorgebeugte, von seitlich unten nach oben drängende Haltung der Germania, ist die Geste einer Freundin, die tröstet, zuspricht und zur Initiative ermahnt. Sie hat den aktiven Part. Ihr Blick weist nach vorne, ist zukunftsoffen und tatkräftig. Auch der Faltenschwung ihres Kleides bildet diese Initiative ab. Italia ist in sich versunken, passiv, braucht Trost, wirkt anlehnungsbedürftig. Italia ist nicht mehr handlungsfähig, Germania ist hellwach. Ganz offensichtlich stellt Overbeck ohne Scheu die in den 1820er Jahren diskutierte *translatio imperii* dar, also die Kultur- und Kunsthoheitsübertragung von Rom nach Deutschland. Wird hier nicht hintersinnig die behauptete neue Kulturüberlegenheit der deutschen Maler thematisiert, die sich, gerade weil sie an Bewährtes anknüpfen, als legitime Nachfolger präsentieren?

Und die Nähe zur Romantik?

Die im Kapitel über Caspar David Friedrich bereits besprochene romantische Unentschiedenheit zwischen *Individualitätskultur* und *intendierter Auflösung in ein übergeordnetes Ganzes* findet bei den Nazarenern eine neue, in jeder Hinsicht überraschende Auslegung. Im Unterschied zu Caspar David Friedrich bekommen die Figuren *scharfe Konturen*. Diese scharfen Konturen aber sind Coverversionen einer Kunst=Lebenskunst, die mit Dürer und Raffael – wie gesagt – als kanonisch angesehen wurde. Mit dieser Kunst findet eine *Totalidentifikation* statt. »Anders als vor der Moderne, als es eher um die Adaption von Mustern der Komposition, der Gestik oder Mimik und damit um technische Verfügbarkeiten gegangen war, eignen sich die Nazarener die Werke der großen Vorgänger in einer Art von Totalität an.« (Metzger 2005, 41) Das hat zur Folge, dass die Künstler nicht ihre innersten Gefühle in größtmöglicher Subjektivität zum Ausdruck bringen, sondern die Gefühligkeit gleichsam auflösen in einen für alle verbindlichen *Frömmigkeitsstil*. Eine *transsubjektive imitatio christi* gilt als erstrebenswert.

Von Dürer leihen sich die Nazarener auch die bei Friedrich vernachlässigte dialogische Geste aus. Allein schon deshalb gehören sie in diese Gestengeschichte hinein.

6.2 Dialogisches Christentum

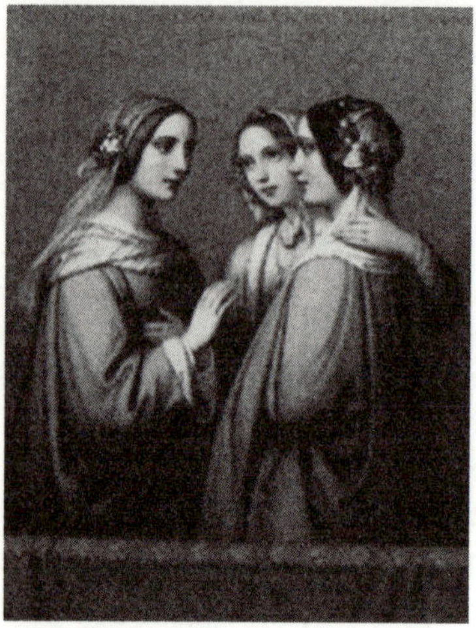

Marie Ellenrieder, Die drei Jungfrauen (1849)

Die bildnerische Grundfigur entstammt dem romantischen Freundschaftskult der *zärtlichen Begegnung*, die als Gegenentwurf zu jeder Form leidenschaftlicher Gestik konzipiert wurde. »Statt ›kecker Pinselführung‹ und einem im pastosen Farbauftrag figurierten körperlichen Gestus tritt uns eine emaillehafte Glätte entgegen, welche die Präsenz des Künstlers im Bild ausradiert. Die gläsernen geschlossen-verschlossenen Oberflächen erlauben uns keinen Einblick in die Seele des Künstlers, sondern streben vielmehr nach der Vermittlung von Objektivem. Das Göttliche wird hier jenseits des persönlichen Ausdrucks gesucht (...). Der nazarenische Künstler negiert die individuelle Sprache der Malfaktur zugunsten eines überindividuellen Idioms, das bis zur vollkommenen synthetischen Verschmelzung verschiedener Hände zu einem einheitlichen Kunstwerk führen kann. Dahinter steht die Bereitschaft des Einzelnen, in der Gemeinschaft aufzugehen, der religiösen, historischen wie nationalen.« (Grewe 2005, 83f.)

Das Gemälde von Marie Ellenrieder *Die drei Jungfrauen* (1849) zeigt in wünschenswerter Klarheit diesen Habitus. »Die zahlreichen Darstellungen von Reflexionsfiguren sowie das Motiv sich unterhaltender Paare (...) replizieren die geforderte Rezeptionshaltung und verweisen auf die zentrale Bedeutung von meditativer Einzelschau und besinnlichem Gespräch für die nazarenische Religionsauffassung.« (Grewe 2005, 86 u.ö.) Nicht zufällig wird die linke Figur mit einer aus der Rhetorik bekannten Vertrauensgestik dargestellt.

Damit ist auch die Abgrenzung von der religiösen Malerei Caspar David Friedrichs klar benannt. Friedrich verzichtet in seinen Bildern – wie gesehen – nahezu vollständig auf traditionelle Elemente der christlichen Ikonographie, die für ihn ganz offensichtlich rasant an Bedeutung verloren haben. Vom Standpunkt der Nazarener aus schien damit alles Objektive (der Christentumsgeschichte) preisgegeben worden zu sein zugunsten einer subjektiven Befindlichkeitsmalerei. Das ist für Friedrich eine fraglos falsche Deutung (der leider auch Grewe anhängt), weil Friedrich im Geiste Schleiermachers das Universum *als Handelnden* versteht und es in den physikotheologisch konkretisierten Naturgesetzen und in der Menschheitsgeschichte abgebildet findet. Richtig allerdings ist, dass Schleiermacher/Friedrich und die Nazarener die romantische Unentschiedenheit zwischen Individualität und Auflösung von Individualität unterschiedlich deuten.

In Caspar David Friedrichs Bild *Frau vor untergehender Sonne* (1818) gibt sich die Frau »ganz dem Naturschauspiel hin. Ihre im Orantengestus ausgebreiteten Arme verweisen auf die Intensität ihres Erlebnisses, ihre meditative Versenkung. Die Sonne ver-

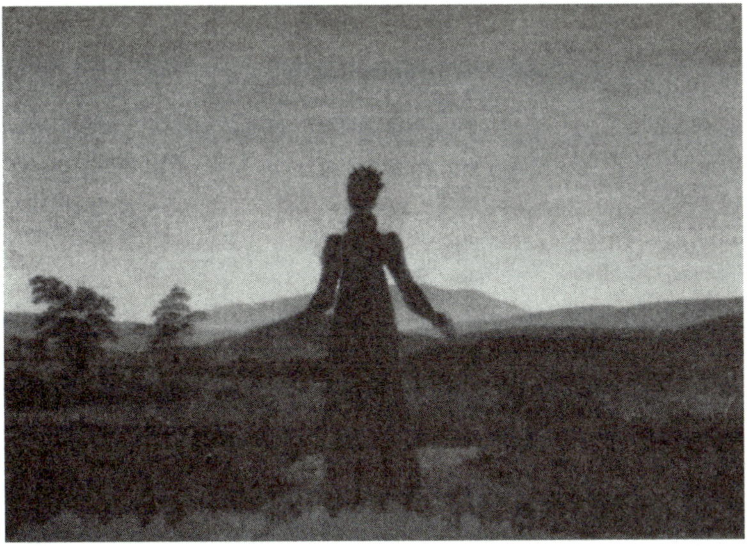

Caspar David Friedrich, Frau vor untergehender Sonne (1818)

deckend, nimmt sie selbst den Platz des Himmelsgestirns ein, das wir nicht sehen. Die Strahlen der Sonne finden ihre Fortsetzung im Gestus der Frau, in den unzähligen Fältchen ihres Kleides und in der zinnenartigen Silhouette ihrer biedermeierlichen Haartracht.« (Grewe 2005, 92)

Die institutionalisierte Religion ist im Kirchturm präsent, wird aber überstrahlt von der Frauenfigur. Die Geste ist vielfältig deutbar. Ihre Haltung erinnert an den Orantengestus, aber auch an den Anfangs- oder Endpunkt einer freundlichen Willkommensgeste. Gefeiert wird das Naturgesetz des Sonnenuntergangs, dem die Hoffnung auf einen neuen Sonnenaufgang entspricht. Nochmals: Das Unendliche oder das Universum handelt in diesem Sinne an der den Sonnenuntergang feiernden Frau.

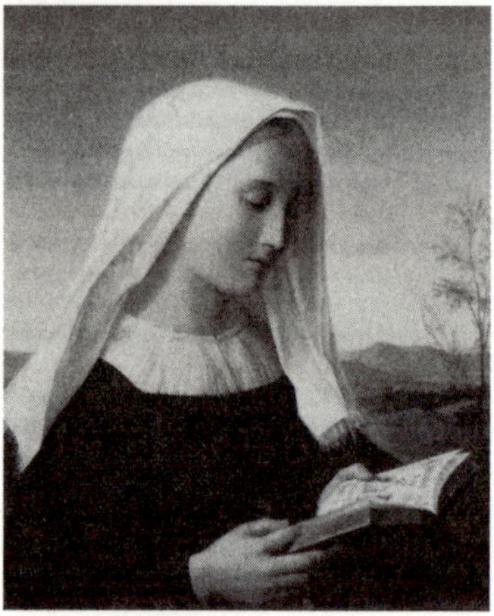

Wilhelm Schadow, Ein Mädchen lesend (1831/32)

Ganz anders das Gemälde *Ein Mädchen lesend* von Schadow. Das Mädchen ist ebenfalls meditativ versunken – aber in die Lektüre! Schaut man genauer hin, entdeckt man, dass es die Verkündigungsszene ist, in der der Erzengel Maria die Geburt des Gottessohnes mitteilt. Die Natur bleibt im Rücken, wird im Stile Raffaels zitiert, bekommt aber keine Eigenbedeutung, der Text (allerdings illustriert) tritt in den Vordergrund.

Die immer wieder behauptete Interpretationsoffenheit der friedrichschen Gemälde halte ich – wie gesagt – für eine Fehlinterpretation, die häufig als Folie dient, um die schlechte Eindeutigkeit der nazarenischen Bilder davon abzugrenzen. Ganz unterschiedlich sind aber die eingeschriebenen Rezeptionshaltungen. Caspar David Friedrich verlangt von seinen Betrachtern eine *Identifikation* mit der Hauptfigur, Schadow sucht eine Art *Dialog* mit dem Betrachter über ein Thema der schriftlichen Quelle. (Nicht zufällig zitiert Schadow in dem Lese-Bild die Segensgeste aus Dürers Selbstporträt!) Findet bei Friedrich ein Austausch (oder ein Dialog) mit der Natur statt, dann hier mit der Schrift. »Nur in Gottes Wort und nicht im subjektiven Erleben von Natur erblicken die Nazarener den Weg zum Heil. So wird die geoffenbarte Schrift (...) zum dominierenden Zentrum und ursprünglichen Ausgangspunkt privater Andacht und künstlerischen Schaffens. Themensuche bedeutet Bibellektüre.« (Grewe 2005, 94)

Richtig ist die These wiederum nur für die Nazarener. Bei Caspar David Friedrich geht es durchaus nicht um eine nur subjektive Naturempfindung, vielmehr vermittelt die Anschauung des am Betrachter handelnden Universums eine quasi objektive Vorstellung vom Universum in der Gestalt der konkret erfahrbaren Naturgesetzen.

6.3 Kleiner Ertrag

Erinnert man, dass die Kunst der Nazarener durch (milde verkitschte) Reproduktionen um ihren reflexiven und dialogischen Mehrwert gebracht worden ist, zeigt man, dass die händchenhaltende Betulichkeit die gezielte Fokussierung einer durch den Gedanken der Freundschaft geprägten Lebenskunst darstellt, erläutert man, dass die Nazarener in mancher Hinsicht am Projekt der Moderne aktiv mitgearbeitet haben, dann wird man ihren Beitrag zu einer Transformation emphatischer religiöser Gesten nicht hoch genug veranschlagen können. Sie bieten mit und gegen Caspar David Friedrich einen anregenden Versuch, Grundüberzeugungen der Romantik gestisch ganz eigenständig zu verdichten.

Sicher. Mit den Augen Caspar David Friedrichs betrachtet, sind die Bildfindungen der Nazarener eher eine spielverderberische und rückwärtsgewandte Art, christliche Frömmigkeit zu inszenieren. Diese Chuzpe, wie selbstverständlich den alten Fundus der Bilder zu plündern, musste ihm sauer aufstoßen. Mir scheint: Es liegt nichts an den vielen Genreszenen der Nazarener, die biblische Geschichten neu aufführen. Ich habe sie absichtsvoll hier nicht besprochen. Wichtiger ist, wie die Nazarener ihren höheren Realismus in Szene setzen – nämlich in einer gestischen Kultur, die gleichermaßen helfend, freundschaftlich (auch erotisch) und diskursiv ist. In dieser Hinsicht halte ich das Gemälde von Marie Ellenrieder ›Die drei Jungfrauen‹ für eine idealtypische Bildfindung.

Dass die Nazarener gerade jetzt aus den Depots, wo sie vielleicht zwischen Spätraffaeliten und Salvador Dalí einsortiert waren, herausgeholt werden, mag auch mit einem erstarkten ästhetischen Konservativismus zusammen hängen, wichtiger ist es, ihre modernitätstauglichen Elemente zu betonen – und dazu gehört das Projekt einer Lebensgemeinschaft auf Augenhöhe, die sich reflexiv ihrer Wurzeln erinnert.

Wer mag, kann das eine herrschaftsfreie Kommunikation nennen. Und steht diese Form der (religiösen) Moderne nicht immer unter einem latenten Kitschverdacht?

7. Franz Marcs Familiengesten

7.1 Blaue Antike

Das schlimmste Schicksal, das einen Maler – nach dem Vergessen oder der Vernichtung seiner Werke – ereilen kann, ist die ästhetische Blickeintrübung und die mentale Materialermüdung durch eine allgegenwärtige Posterpräsenz in bürgerlichen Wohnzimmern und Studentenbuden. Bestand und Dauer dieser Werke muss man gegen diese reproduzierte Übermacht erobern, sei es, indem man die Poster ins Depot schickt und sich jahrelange Diät verordnet, sei es, indem man dank einer ambitionierten Ausstellung neu sehen lernt. Wer so den Überdruss an den ewig blauen Pferden und deren aufdringlich erotischen Rundungen ablegt, hat die Chance, Franz Marc anders wahrzunehmen denn als Wohnzimmerdekorateur, dann zeigt sich eine tief eingesenkte Kraft in den Bildern, die den malerischen Schlendrian vieler zeitgenössischer Kunst weit hinter sich lässt.

Die mit großer Energie inszenierte Münchner Ausstellung im Lenbachhaus und der famos ausgestatte Katalog (2005/2006) konnte so zu der Wiedergeburt eines Malers führen, den auch ich längst in die hinteren Gehirnkammern eingesperrt hatte. Manchmal hilft eine klug aufbereitete Werkbiographie – die Münchener Ausstellung versammelt zum ersten Mal auch sehr umfangreich das zeichnerische Oeuvre von Marc – um zu verstehen, worauf diese Popularität, diese erstaunliche Wirkung in die Breite seiner Werke beruht; wie also gelang es diesen zum Teil sehr feinen und durchsichtigen Bildern, sich ganz rustikal gegen alles Biedermeierliche in deutschen Einfamilienhäusern durchzusetzen? Oder war es nur (aber was heißt hier: nur!) die Fama des Frühvollendeten – er hat in kleinen Zeitsprüngen gewaltige Entwicklungen durchgemacht – , der im Alter von 36 Jahren vor Verdun stirbt, gerade noch jung genug, um zum Mythos aufzusteigen? Eine Art James Dean der Kunst? Und gehört zu einer solchen Legende nicht auch ein plüschiges Manifest mit spirituellem Unterfutter? Im berüchtigten Almanach »Der blaue Reiter« heißt es: »Ihr Denken hat ein anderes Ziel: Durch ihre Arbeit ihrer Zeit Symbole zu schaffen, die auf die Altäre der kommenden geistigen Religion gehören.« Zugegeben: Aus dem Zusammenhang gerissen wirkt dieser Satz milde verstörend, ordnet man ihn richtig ein, zeigt er sich als Goldfaden, aus dem in der Tat eine neue ästhetische Moral gesponnen werden kann.

Erstaunen muss noch immer, in welch kleinem Zeitraum Marc künstlerische Einflüsse auch handwerklich perfekt verarbeitet hat. Neben seinen Lehrern an der Akademie, Gabriel Hackl und Wilhelm von Diez, beides gediegene Figurenmaler, waren es, um nur die Heroen zu nennen, Gaugin, van Gogh, Rousseau; besonders auffällig aber sind die Einflüsse des Kubismus, ist doch die geometrisierende Bildsprache der späten Gemälde mehr als augenfällig; die Dynamik der Komposition und die Durchsichtigkeit der Formen verdanken sich dem Futurismus; und der Orphismus Delaunays (vgl. Langner 1985) zeigt sich in der offensichtlichen Bevorzugung von Farben des Prismas, die so eingesetzt werden, als würden die Bilder von innen beleuchtet. Und über seine Geliebte Annette von Eckardt gewann Marc zudem eine Vertrautheit mit außereuropäischer Kunst.

Häufig auch wurde mit Blick auf die blauen Pferde die romantische Ahnentafel bemüht. Das trifft fraglos zu. Die blaue Farbe allein tut's freilich nicht. Ich möchte eine harte These vertreten. Marc, so behaupte ich, ist in einem ganz grundsätzlichen Sinne ein romantischer Maler (vgl. bereits Rosenblum 1975), getrieben wird er nämlich von der »*Sehnsucht* nach dem unteilbaren Sein, nach Befreiung von den Sinnestäuschungen unseres ephemeren Lebens« (Lankheit 1978, 118, Hervorhebung von mir, K.H.). Das lässt sich bis in die Gesten hinein verfolgen. Die Gesten der zärtlichen Berührung, die die kitschverdächtigen Nazarener auszeichneten, erhalten bei Marc in einigen Zeichnungen eine erotische Tiefenschärfung. Abgeschwächt oder besser: abgewandelt lässt sich diese Tiefenschärfung auch in den späteren Tierbildern erkennen. Sodann lese und deute ich die vor Schönheit trompetenden Tierbilder als vergleichbare Einlösung der bei Schleiermacher literarisch ausgebreiteten romantischen Urintention: Wie lässt sich die Sehnsucht nach dem Universum, nach dem unteilbaren Sein darstellen? Caspar David Friedrich glaubte sie in den Naturgesetzen, die, so die physikotheologische Pointe, der konkreten Anschauung in der Natur zugänglich sind, dargestellt; und, so behaupte ich, Franz Marc löst diese Intention bildnerisch in seinen späten Tierbildern ein. Schließlich ist auch bei Franz Marc das typisch romantische Oszillieren zwischen Individualitätskultur und der Sehnsucht im übergeordneten Ganzen aufzugehen mit Augen zu greifen. Ordnet man Marc in den Kontext der Romantik ein, dann lassen sich nach den voran gestellten Essays diese Thesen angenehm schnell erhärten.

Der manifeste religiöse Grundton in den Texten und Bildern bei Franz Marc wurde genetisch eingespeist, vor allem durch seine Mutter, die in einem calvinistischen Milieu aufwuchs. Prompt hat sich auch Marc intensiv mit dem Gedanken beschäftigt, Theologe zu werden. In Briefen an den Pfarrer Otto Schlier, der für Marc lange die Funktion eines Mentors spielte, wird diese Entwicklung dokumentiert. In einem Brief vom 28. Dezember 1898 heißt es dann: »Pfarrer werd' ich keiner, auch nicht einmal ein schiffbrüchiger. Ich nehme gleich den Landweg. Ich fühle mich dabei besser, sicherer, freier. Meines Gewerkes bin ich Philologe, meinethalben Gymnasialprofessor.« (Zitiert nach Annegret Hoberg 2005, 11) Erst nach dem Militärdienst fiel die Entscheidung, Maler zu werden. Am 21. Juni 1900 schreibt er an Schlier: »Obwohl ich mein Leben lang immer schon Künstler war, bin ich doch auch infolge von Erziehung und Umgebung und eigener Veranlagung halbwegs Geistlicher und halbwegs Philologe gewesen. Ich hätte wohl als Künstler nie die rechte Ruhe und Sicherheit, wäre ich nicht jeden beiden Idealen zu ihrer Zeit nachgegangen. Jetzt aber weiß ich gewiß, dass ich das richtige für meine Natur gefunden habe.« (ebd.)

Philologe ist Marc lebenslang geblieben. Nietzsche-Lektüren, die vielleicht ihn vom Plan, Theologie zu studieren abgebracht haben, können das belegen. Seine Briefe, auch die späteren Briefe aus dem Feld an seine Frau, sind zum Teil kluge Reflexe dieser Studien. Marcs Zivilisationskritik, eine gewisse Häme Institutionen gegenüber und seine Vorliebe für den Aphorismus verdanken sich dieser ausgedehnten Lektüre. Und doch darf man diesen Einfluss auch nicht überschätzen. (Sigrid von Strachwitz hat in ihrer Monographie: Franz Marc und Friedrich Nietzsche. Zur Nietzsche Rezeption in der bildenden Kunst, 1997, Marc klug aber auch sehr einseitig auf Nietzsche festgelegt.) Vielleicht ist es richtiger zu behaupten, dass Marc genau jene Autoren verarbeitet hat, die unterschwellig mit der Romantik kommunizierten und flirteten. Aphorismen und Fragmente schrieben bekanntlich auch die Schlegels und Schleiermacher. Und wie Marc hatten sie eine eingestandene Schwäche für den Pantheismus Spinozas. Marc hat den Pantheismus, das ist typisch für ihn, aus ganz unterschiedlichen Quellen rezipiert. Da ist zunächst einmal die Aufmerksamkeit für Darwin. Die Kunsthistorikerin Barbara Eschenburg schreibt treffend: »Darwin hat ihm (Marc, K.H.) mit dem Entwicklungsgedanken das Argument für die Einheit aller Lebensformen in Raum und Zeit geliefert. Diese Vorstellung beinhaltet zugleich, dass die gesamte Welt auch im Innern des Menschen existiert, da er – immer noch auf der höchsten Stufe der Leiter gedacht – alle vorherigen Stufen in sich vereinigt. Doch ist auch der aktuelle Mensch noch nicht die höchste Entwicklungsstufe, er ist selbst noch Produkt der allgemeinen Entwicklung, die keineswegs abgeschlossen ist. Das was bei Nietzsche der ersehnte Übermensch ist, stellt sich bei Marc als ›hoher Typus‹ dar, der nun bewusst die schon immer praktisch vorhandene Einheit mit der Welt vollzieht.« (Barbara Eschenburg 2005, 53) Und es ist die Kunst, die die Entwicklung des hohen Typus beschleunigen soll. Kunst muss Proselyten machen. Eschenburg weist mit Wilhelm Bösche einen zweiten Vermittler nach. Bösche wollte in der Spur Alexander von Humboldts eine ›Entwicklungsgeschichte der Natur‹ verfassen – wissenschaftlich präziser als das Humboldt in seinem riesigen Werk ›Kosmos‹ möglich war. Und nicht zufällig beruft sich Bösche auch auf Spinoza (62). Marc hat seine pantheistische Intuition an einer Stelle deutlich benannt: »Ich suche mein Empfinden für den organischen Rhythmus aller Dinge zu steigern, suche mich pantheistisch einzufühlen in das Zittern und Rinnen des Blutes in der Natur, in den Bäumen, in den Tieren, in der Luft.« (Lankheit 1978, 98)

Eine Art *Spinozismus auf wissenschaftlicher Grundlage* dürfte in etwa die Zielbestimmung sein, die Marc in seinen Texten und in seinen späten Bildern anvisiert hat, zumeist unterlegt mit einer, geht man von den Tierbildern aus, kräftigen idealistischen Auftriebskraft. »Die Natur ist hässlich und unselig, ein bitteres Gefängnis des Geistes.« (Lankheit 1978, 212) Der Satz erinnert wohl nicht von ungefähr an das berühmte Plato-Diktum, der Körper sei das Gefängnis der Seele. »Die reine Wissenschaft ist unser europäisches Gewissen. Horchen wir in allen dunklen Fragen auf unser Gewissen.« (204) So steht es im Aphorismus 65. Und im Aphorismus 44 liest man: »(W)as für eines langen Weges (und Umweges über den Materialismus) hat es bedurft, um zu erkennen, daß die Welt nur Geist, nur Psyche ist und die *zaubervollen Naturgesetze* (Hervorhebung von mir, K.H.) nur unsere zweite, geistigere, tiefere Form und Formel für die Psyche, für unsere eigene Psyche bedeuten. Die Naturgesetze sind das Werkzeug unsrer zweiten, besseren Einsicht, unsres zweiten Gesichts, mit dem wir das Weltgeschehen heute betrachten.« (198)

Marcs Nähe zu den Tieren, seine beinahe manische Arbeit an den Pferden und Rehen, verdankt sich einer frühen Erfahrung. In einem Brief von 1915 heißt es: »Der unfromme Mensch, der mich umgab (vor allem der männliche), erregte meine wahren Gefühle nicht, während das unberührte Lebensgefühl des Tieres alles Gute in mir erklingen ließ. Ich empfand schon sehr früh den Menschen als ›häßlich‹, das Tier schien mir reiner und schöner.« (Marc 1920, 50) Weil Mensch und Tier über den Naturzusammenhang miteinander verwandt sind, kann sich Marc in die Tiere einfühlen und sich folgendem frappanten Projekt verschreiben: »Wir werden nicht mehr den Wald oder das Pferd malen, wie sie uns gefallen oder scheinen, sondern *wie sie wirklich sind*, wie sich der Wald oder das Pferd selbst fühlen, ihr absolutes Wesen, das hinter dem Schein lebt, den nur wir sehen.« (ebd., 112) Im Tier ist, wie der Interpret Langner schreibt, »die Erinnerung an den paradiesischen Zustand des Ursprungs aufbewahrt, in den sich der Mensch zurücksehnt« (Langner 1981, 80). Sichtbar gemacht wird dieser Zusammenhang, indem die Tiere auch formal, so meine These, auf die ›zauberhaften Naturgesetze‹ hin durchsichtig gemacht werden.

Allen späten Bildern Marcs ist deshalb eine gewisse Tendenz auf Abstraktion eigen. Auch in den berühmten Pferde- und Rehbildern ist mit zunehmender Dauer eine Entstofflichung und damit Vergeistigung sinnfällig. Das entgeht zumeist dem schnellen, stöckelnden Blick. Nur folgerichtig, wenn Marc es diesen Schnellkonsumierern zunehmend schwieriger macht, sich an den Bildern ungebremst zu erfreuen. Wie ein Bremskraftverstärker schneller Sehlust wirkt das Verfahren, die ›Gegenstände‹ aufzulösen. In dem Bild *Rehe im Walde II* etwa.

7.2 Bewegte Bilder

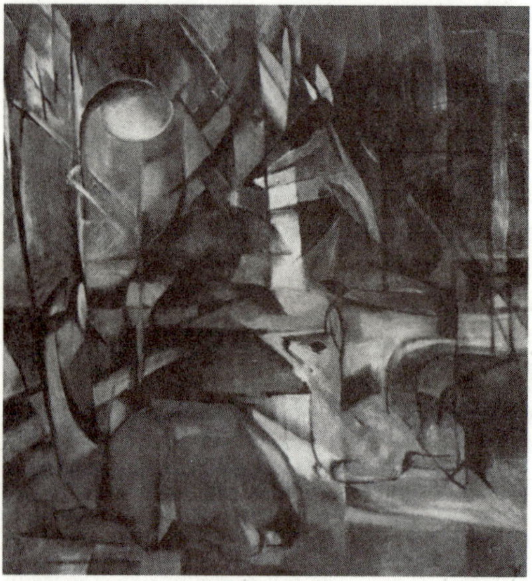

Franz Marc, Rehe im Walde II (1914)

Im Gemälde *Rehe im Walde II* (1914) verschmelzen die Rehe mit dem Hintergrund, genauer: es gibt eigentlich keinen Vorder- und Hintergrund. Natur und Tier werden über runde, dreieckige und kristalline, vielleicht diamantene Formen vermittelt. Im Hintergrund sind, nach einer langen Sehübung, Anspielungen auf die Fensterbilder Delaunays und gotische Spitzbögen erkennbar. In der Zentralperspektive herrscht immer das Auge des Betrachters. Anderes geschieht hier: Das Auge des Betrachters muss in diesem Bild die drei Rehe – der Bock oben, unten die Ricke, in der Mitte das Kitz – wie in einem Rätselbild zusammensetzen. (Erst später entdeckt der eingeübte Blick auch eine eiförmige Knospe im linken oberen Bildteil, Symbol des pulsierenden Lebens.) Der Blick des Menschen und damit auch die Zentralposition des Menschen ist auf einen Schlag entmachtet. *Das Bild wird zum Handelnden*. »Das hat zur Folge, dass nicht so sehr der Betrachter der Aktive gegenüber einem Bild von Marc ist, sondern dieses ihm entgegenzukommen scheint. Seine Bilder erschließen sich aus ihrer Tiefe, während ein zentralperspektivisch organisiertes Gemälde wie ein Fenster wirkt, das den Blick von der Nähe in die Tiefe des Bildes führt. In einem solchen Bild befindet sich der Raum in Ruhe, und in ihm agieren die Personen. Bei Marc sind Raum und Figur gemeinsam in Bewegung. Der Raum ist nicht mehr Voraussetzung der Bewegung, sondern, indem er ständig Formen aus sich entlässt, ist er mit deren Ausprägungen und Bewegungen identisch, was entscheidend zur suggestiven Kraft von Marcs Bildern beiträgt.« (Eschenburg 2005, 69) Anders pointiert: An diesen Bildern ist man dem *Geheimnis der Schöpfung* und damit auch dem *Geheimnis des Schöpferischen* auf der Spur, wie nämlich aus dem Anorganischen das Organische langsam entsteht und doch damit verbunden bleibt.

Hinzu kommt eine Emotionalisierung der Bildwelt durch Farbwerte. In einem Brief vom 12.12. 1910 an August Macke schreibt Marc: »Blau ist das männliche Prinzip, herb und geistig. Gelb ist das weibliche Prinzip, sanft, heiter und sinnlich. Rot ist die Materie, brutal und schwer und stets die Farbe, die von den anderen beiden bekämpft und überwunden werden muss.« (Zitiert nach Hoberg 2005, 34)

In dem Gemälde *Kämpfende Formen* (1914) ist diese Schlacht (der Weltkrieg mit seinen Materialschlachten steht vor der Tür) Thema geworden. Leicht aufschlüsseln lässt sich die Farbphilosophie im Bild *Rehe im Walde II.* Die rote Farbe wird auf das Reh am linken Bildrand versammelt. Diese Inszenierung geschieht nicht ohne Hintergedanken, denn das Reh unten links ist eine klassische romantische Rückenfigur (vgl. Eschenburg 60), *also es ist der Betrachter selbst, der die Position der Materie übernimmt und im Vollzug des Bilder-Sehens zu einer Vergeistigung bewegt werden soll.* Und in der Tat: Das gelbe Reh scheint heiter und sinnlich für eine Verwandlung zu werben, während das blaue Reh sich zum roten Reh (und damit zum Betrachter) mit einer Geste zu-

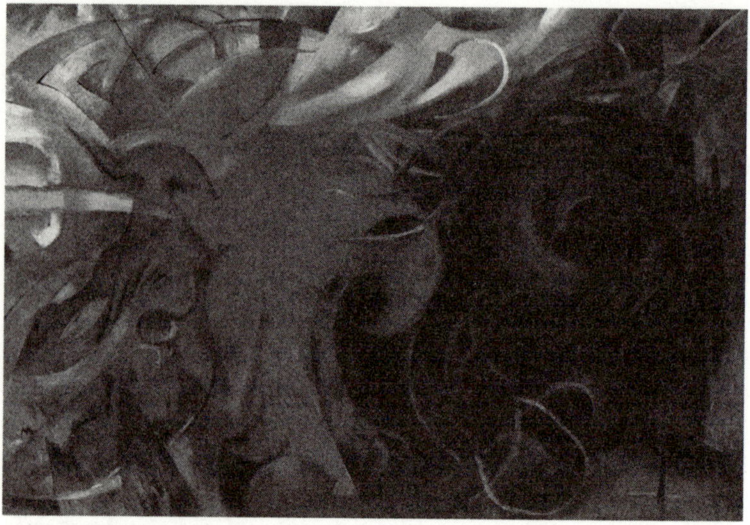

Franz Marc, Kämpfende Formen (abstrakte Formen) (1914)

wendet, die milde herrschaftlich und doch anmutig die Umwandlung einfordert.

Johannes Langner hat in zwei spannenden Essays nachweisen können, dass Marc in seinen Tierbildern sehr präzise menschliche Ausdrucksformen und Gesten übertragen, seine Tiere also anthropomorph überhöht hat (Langner 1981). In dem besprochenen Bild ist die Anordnung der Figuren nicht zufällig dem ikonographischen Schema der Heiligen Familie nachgebildet. »Marc interpretiert die Rehfamilie nach dem Modell der Funktions- und Bedeutungshierarchie der menschlichen Familie. (...) Das gleichschenkelige Dreieck, das die Gruppe zusammenfasst, seine straffe Markierung, seine Ein-

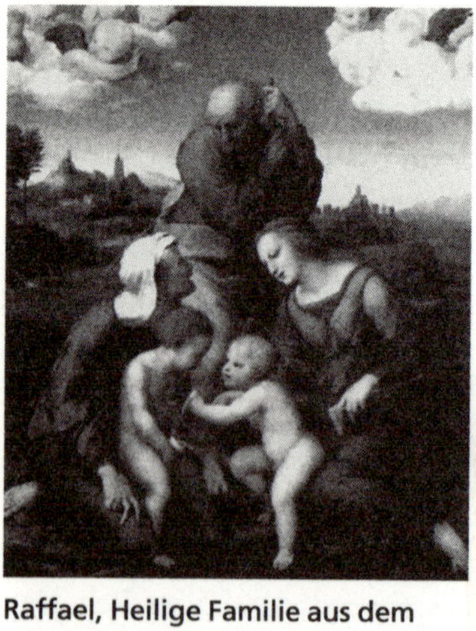

Raffael, Heilige Familie aus dem Hause Canigiani (um 1507)

spannung in den Bildausschnitt, das hieratische Gepräge, das dadurch gestiftet wird, vielleicht auch noch die Entschiedenheit, mit der sich die Köpfe zueinander wenden und so wirkungsvoll zur Verstrebung der Gruppe beitragen – alle diese Merkmale von ›Rehe im Walde II‹ finden sich in Raffaels ›Heiliger Familie aus dem Hause Canigiani‹ eng vergleichbar vorgegeben.« (Langner 1981, 87, 92) Die Tierfamilie dient als »Grundmodell der heilen, das heißt noch ganz in der Ursprünglichkeit der Natur aufgehobenen Ordnung der Dinge« (Langner 1980, 65).

Milde Schwierigkeiten macht das Rot der Ricke. Offensichtlich rückt Marc die Ricke sehr nahe an die Materialität der Natur heran, setzt sie damit deutlich ab von dem oben postierten Bock, dessen Stellung eine Nähe zur Vergeistigung suggeriert. Um hier voranzukommen muss man erinnern, dass für Marc die Rehe mit dem Weiblichen überhaupt assoziiert werden, die Pferde mit dem Männlichen. Das stimmt bis in die Posen. Die blauen Pferde posieren häufig im Gestus der Entschiedenheit, der moralischen Stärke, der Gleichgesinntheit. Ganz anders die gemalten Rehe. Hier überwiegen Gesten der Anmut (auch beim Bock), der Verletzlichkeit, der Andächtigkeit. (Eine Nähe zur Tradition der drei Grazien wird bewusst zitiert.) Hier hat die Farbe Rot also eine etwas andere Funktion, hier wird die Nähe zur materialen Natur in ihrem (einzig?) positiven Wert, den der Mütterlichkeit, dargestellt. Die Ricke hat im Vergleich zum Bock auch die homogenste Form, der Bock wird bereits sehr stark in kristalline Formen aufgelöst, wächst gleichsam aus dem Bild heraus Richtung Himmel. *Die romantische Sehnsuchtsstruktur ist also der Bildstruktur selbst eingezeichnet.* In der Mitte verbleibt das Kitz, vermittelt farb-symbolisch und in der formalen Gestaltung zwischen Himmel und Erde.

Ich deute also diese späten Bilder als Einlösung der Schleiermacherischen Urintention. Das Universum ist zugänglich in den Naturgesetzen, veranschaulicht am konkreten Gegenstand. Franz Marc macht daraus eine kluge Inszenierung der Schöpfungsgesetze. Im Endlichen stellt sich das Unendliche dar – als Schöpfungsprozess. »Man hängt nicht mehr am Naturbilde, sondern vernichtet es, um die mächtigen Gesetze, die hinter dem schönen Scheine walten, zu zeigen«, heißt es programmatisch in dem Aufsatz »Die konstruktiven Ideen der neuen Malerei.« Noch stärker als bei Caspar David Friedrich, der die Landschaften ebenfalls konstruiert hat, wird das geistige Prinzip in den Protagonisten der Bilder sinnfällig.

Jeglicher Personenkult war Marc zutiefst zuwider. Aber auch dahinter verbarg sich die romantische Sehnsucht, sich mit dem All-Einen zu verbinden. »Die namenlosen (sic!) gotischen Meister, – das sind die reinsten. Du hast so recht; die Kunst ging an der vergiftenden Krankheit des Individualitätskultes zu Grunde, am Wichtignehmen des Persönlichen, an der Eitelkeit, davon muss man gänzlich loskommen.« (Lankheit/Steffen 1985, 64)

Natürlich erinnert das Stichwort der Reinheit auch an Nietzsche, mit gleichem und wie ich finde: größerem Recht darf man hier die Romantik als Zeugen aufrufen, hatten doch die Nazarener, wie gesehen, die gleiche Intention.

Fraglos: Von den Nazarenern trennt Marc viel. Schufen die Nazarener im Anschluss an Raffael stark konturierte Figuren, die für Authentizität und Reinheit einstehen sollen, so löst Marc die Figuren stärker in den Schöpfungsprozess auf. Mit den Nazarenern teilt er aber das dialogische Element, übersetzt in die Tierwelt. Zu den Rückenansichten von Tieren treten im Spätwerk zunehmend Tiere, die den Betrachter anschauen und auf eine Reaktion aus sind. Indem Marc die Tiere zudem in den Schöpfungsprozess auflöst, inszeniert er nichts anderes als eine *geschöpfliche Verwandtschaft.* Die wird in den Arbeiten auf Papier besonders deutlich (vgl. *Knaben mit Pferden und Hund,* 1910-1911). Und die Studie *Zwei weibliche Akte auf blau* erotisiert die nazarenische Geste der zärtlichen Berührung.

Ich plädiere also dafür, die grellen Obertöne von Marcs Nietzsche-Lektüre etwas abzudämpfen. Marc ist in einem sehr grundsätzlichen Sinn ein Romantiker. Die romantische Sehnsucht erfüllt sich, indem Marc die Naturgesetze auf einen schöpferischen Prozess hin transparent macht. So wird alles mit allem verwandt. Pferde, natürlich blau, werden zu Kathedralen angeordnet, Rehe werden sakral überhöht und als Heilige Familie inszeniert, den zärtlichen Berührungen wird erneut die erotische Dimension er-

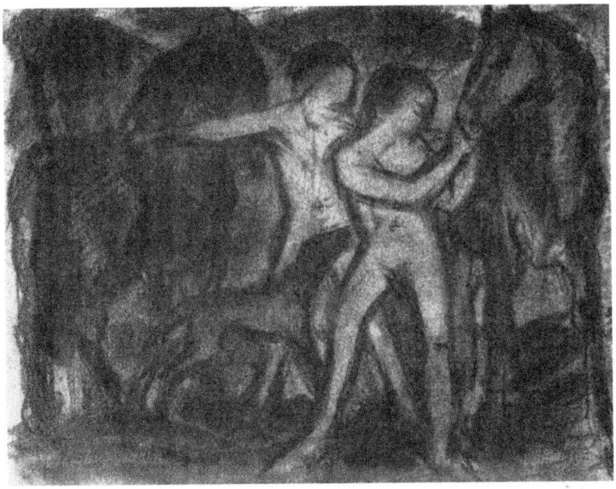

Franz Marc,
Knaben mit Pferden und Hund
(1910/11)

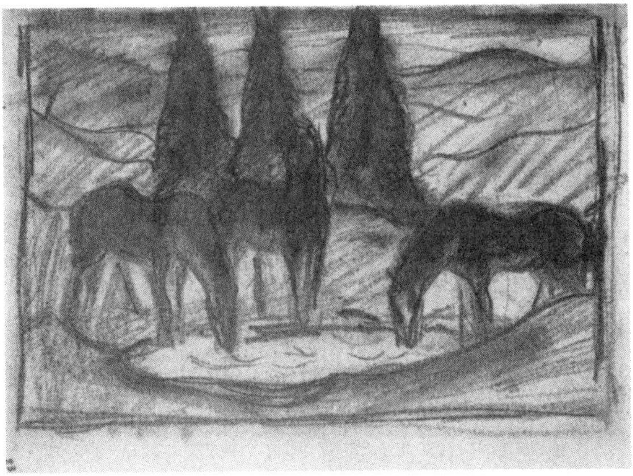

Franz Marc,
Drei Pferde vor drei Tannen
(1910/11)

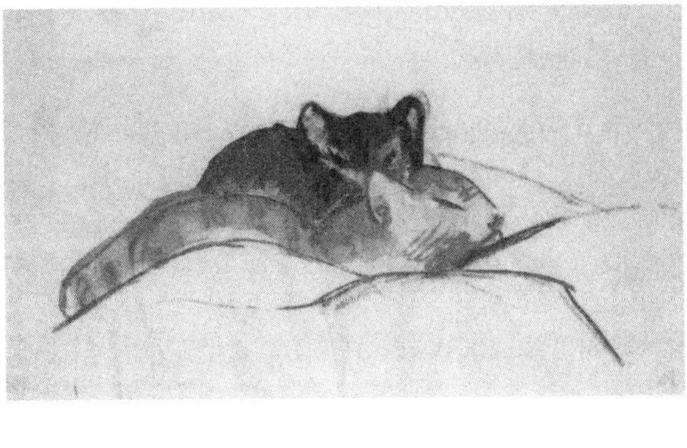

Franz Marc,
Zwei liegende Katzen (1910)

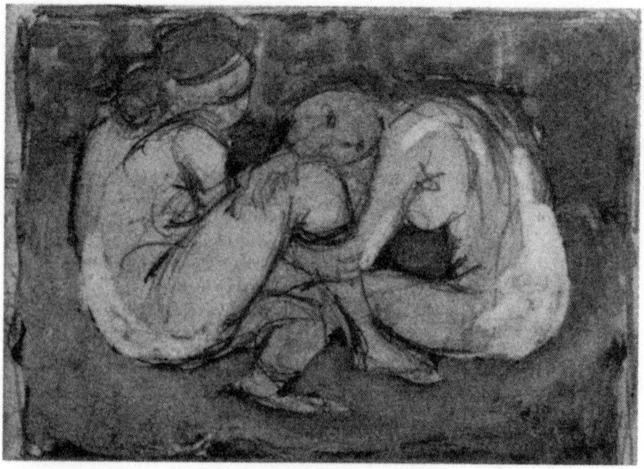

Franz Marc,
Zwei weibliche
Akte (1910)

schlossen. Als Gestenensemble steht die geistige Religion für einen Lebensstil, der ohne Personenkult die gesellige Verwandtschaft des Geschöpflichen feiert.

Ob dieses Bildprogramm trägt, ist zumindest fraglich. Marcs Programm »Heil durch Regression« (Langner 1981, 80) zu erlangen, sein Versuch, die Tierbilder zu Andachtsbildern zu stilisieren, der Versuch, der Kunst letztlich eine religiöse Funktion zuzuschreiben, »nämlich die der Erlösung« (Langner 1980, 67), indem beim Betrachter eine Sehnsucht nach dem unteilbaren Sein ausgelöst wird, ringt immer mit dem Problem, Stufen der Vergeistigung ins Tierreich zu projizieren. Vielleicht aber, so die Regiekunst dieser Bilder, macht die Überhöhung der Tiere den Betrachter demütig und leer, damit eine neue Verbundenheit mit den Geschöpfen eingeübt werden kann.

Vielleicht gelingt diese Einfühlung auch einem langen Blick auf die abgenutzten Poster.

7.3 Kleiner Ertrag

Franz Marc teilt mit den Romantikern die Königsvokabel der Sehnsucht. Marc geht aber über die physikotheologische Veranschaulichung des Universums hinaus, *indem er das Handeln des Universum dynamisiert und eine holistische Ordnung entfaltet.*

(Mondrian hat diesen Gedanken, wie ich später zeigen möchte, noch einmal radikalisiert.) Um das Auge zu einer transzendierenden Bewegung zu stimulieren, leiht sich Marc etwa die pyramidenförmige Aufgipfelung aus Raffaels Bild *Heilige Familie aus dem Hause Canigiani*. Der Blick wird in die Höhe gezogen. Bildbetrachtung ist Gottesdienst.

Kleiner Nachtrag: Eine eigene Studie wäre wert zu untersuchen, nach welchem religiösen Elementarmodell die Künstler ihre Bilder strukturieren. Herrscht das Modell der Heiligen Familie vor oder eher das Modell der Freundschaft? Für Jesus selbst jedenfalls dürfte das Modell der Freundschaft leitend gewesen sein.

8. Picassos Erlösungsgesten

8.1 Spanische Antike

Im Theorie-Jet-Set der letzten Jahrzehnte gab es einen eindeutigen Code: Kunst darf niemals im Rekurs auf die Biographie des Künstlers interpretiert werden. Wer Biographisches über den Gegenstand seines Nachdenkens – seien es Bilder, Plastiken, Schriften, Filme – einflocht, erhielt die Höchststrafe, der wurde aus der Wissenschafts-Community ausgeschlossen, man unterstellte ihm eine schlechte theoretische Erziehung, argwöhnte Schwulst oder zumindest ein Schielen nach den denkfaulen Leserschichten, die sich allenfalls in den mäßig ausgeleuchteten Buchabteilungen von Karstadt herumdrücken.

Mit ein wenig Abstand betrachtet, erscheint diese Haltung heute wie ein kollektiver Wissenschafts-Narzissmus, eine erstarrte Geste, die sich ganz unnütz um Einsichten gebracht hat. Wie für Franz Marc, so gilt auch für die durch unzählige Plakat-Reproduktionen erschöpften Bilder Picassos, dass zumindest manchmal eine biographische Erinnerung wie ein Wachmacher wirkt, der den Zustand des Dösens auf beiden Seiten, auf Seiten der Bilder und auf Seiten der Betrachter, überwindet und eine nachlebende Sympathie auslöst. Und wie so häufig, gelingt das besonders rasant Seiteneinsteigern, sagen wir: Ethnologen der eigenen Kunstgeschichte. So haben jüngst ein Mittellateiner und ein Kinder- und Jugendpsychiater die biographischen Impulse in Picassos Schaffen untersucht und die Schließkraft christlicher Ikonographie für das Verständnis eines frühen Hauptwerkes von 1903 (La vie) demonstriert: Gereon Becht-Jördens, Peter M. Wehmeier: Picasso und die christliche Ikonographie. Mutterbeziehung und künstlerische Position (2003). Auch wenn man den psychoanalytischen Drall der Argumentation nicht immer goutiert, haben die Autoren überraschend viel Neues sichtbar gemacht.

Das Gemälde *La vie* gehört zur so genannten ›Blauen Periode‹ von Picasso. Er selbst sagt lapidar: »Ich begann Blau zu malen, als ich wahrnahm, daß Casagemas gestorben war.« (Zitiert nach Ingo F. Walther 1999, 15) Casagemas, der Freund, mit dem er aus dem schlecht gelüfteten Spanien seiner Jugend ins stürmische Paris gewechselt war, hatte sich, weil sich eine Dame aus dem sinnlich/erotischen Netzwerk jener Jahre als bindungsinstabil erwies, umgebracht. Dieser Selbstmord wäscht mit einem Schlag alle Farbe aus den Gemälden Picassos aus. Die Sehnsuchtsfarbe der Romantik, das Blau, dem in den Bildern Picassos stets ein Element von Isolation und Melancholie beigegeben ist, macht die Gemälde jener Jahre zu Schattenbildern.

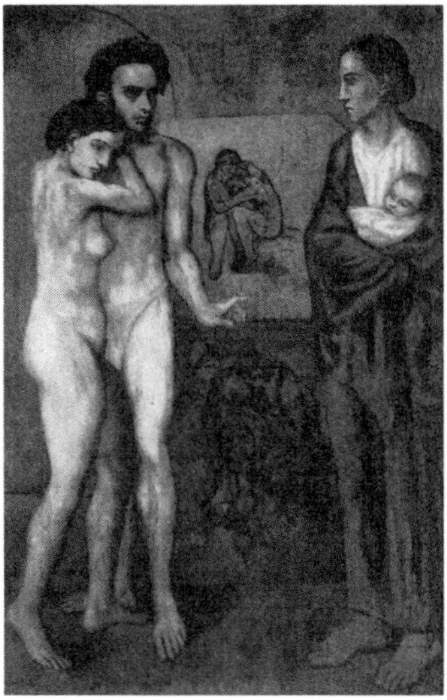

Pablo Picasso, La Vie (Das Leben) (1903)

Über das Schnittmuster dieses Gemäldes ist viel gerätselt worden. Die lange gültige (und schockierend einfache) Deutung besagte, der noch junge Picasso habe eine Lebensalterallegorie (Kleinkind, junger Erwachsener, älterer Erwachsener) geschaffen, verdüstert vor dem Hintergrund abgründiger persönlicher Erfahrungen. Vereinzelt wurden auch Picassos Anleihen aus der christlichen Ikonographie genannt, aber erst jetzt sind die einzelnen Anleihen inventarisiert. In der Mitte des Bildes findet sich eine auffällige Geste. Vorstudien zeigen den Gestenfundus, aus dem Picasso geschöpft hat. Ein Vergleich mit einem Bild von Correggio macht die freundliche Übernahme sinnfällig. Ganz offensichtlich handelt es sich um eine relativ feststehende Geste aus dem Traditionsraum christlicher Malerei: der auferstandene Jesus verweigert Maria Magdalena im Garten Gethsemane die Berührung: *Noli me tangere* – Rühr mich nicht an (Joh 20,14-17). Picasso hat diese Geste im ausgeführten Gemälde um den deiktischen Verweis nach oben verkürzt, also die Gottesbeziehung abgeschnitten. An der Brust des jungen Mannes (er weist eine deutliche physiognomische Verwandtschaft mit dem verstorbenen Freund auf, aber Röntgenuntersuchungen haben gezeigt, dass Picasso ursprünglich seine eigenen Züge der linken Figur mitgegeben hat) ruht eine Frau in einer Pose, die signifikant an Bildfindungen erinnert, in der der Lieblingsjünger Jesu, Johannes, an der Brust seines Meister ruht. Leicht identifizierbar ist die rechte Figurengruppe: die Mutter mit Kind erinnert fraglos an eine Madonnendarstellung, auffällig ist allerdings das Muster der verhüllten Hände, die die Heiligkeit des Kindes unterstreichen sollen. Zwischen diese beiden Figurengruppen finden sich zwei Bildentwürfe platziert (auf Vorstudien ist deutlicher erkennbar, dass es sich um Leinwände handelt), oben eine dem eingeschliffenen Gestenkanon entsprechende Pietà-Szene, darunter ein Bild tiefer Verzweiflung.

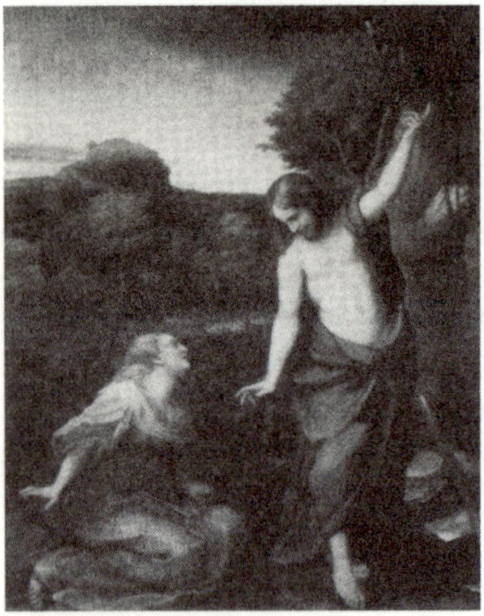

Correggio, Noli me tangere (um 1518)

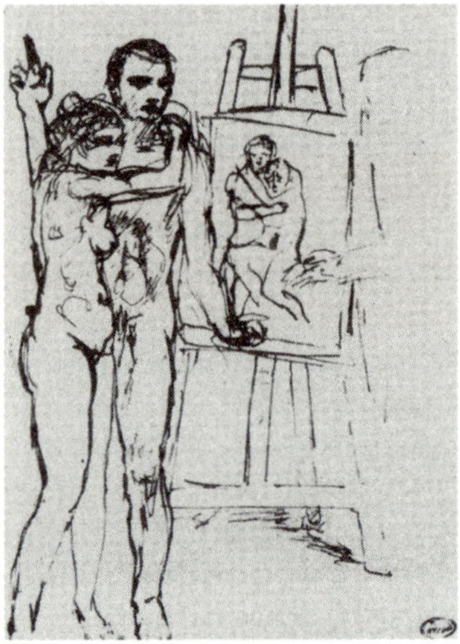

Pablo Picasso, Studie zu La Vie mit erhobenem Arm (1903)

Picasso covert diese Szenen und stellt sie in einen ganz neuen Zusammenhang – ein Patchwork, um die eigene biographische Situation für sich selbst deutbar zu machen. Die Autoren der in jeder Hinsicht aufregenden Studie über Picassos Verhältnis zur christlichen Ikonographie, Becht-Jördens und Wehmeier, interpretieren dieses Bild als Abgrenzbewegung des erwachsenen Sohns von der Mutter. Diese These macht besonders guten Sinn, wenn man das Kleinkind auf den Armen der Mutter als asynchrone Komposition deutet: Picasso (der den Namen seiner Mutter als Künstlernamen führte) ist als Kleinkind und als junger Mann im Bild präsent, eine Kompositionsmethode, die in der christlichen Malerei nicht außergewöhnlich war, wenn es darum ging, heilsgeschichtliche Zusammenhänge deutlich zu machen. »Die Identifizierung des Kindes mit dem sich von seiner Mutter abgrenzenden jungen Mann gibt weiteren Aufschluß über den Charakter der Beziehung zwischen Mutter und Sohn. (...) Der Gestus der verhüllten Hände ist ein Demutsgestus, der in der antiken und christlichen Ikonographie verbreitet ist. Er signalisiert ein Ranggefälle: Nur mit verhüllten Händen dürfen Gegenstände, die zur Sphäre eines Höhergestellten gehören, oder gar dieser selbst berührt werden. Der Gestus macht also die *sanctitas* und die *sacrosanctitas* des profaner Berührung auf dieser Weise Entzogenen sinnfällig. In der Christusikonographie begegnet der Gestus etwa bei der Anbetung der drei Weisen aus dem Morgenlande, die ihre Gaben mit verhüllten Händen darbringen. (...) Durch den Gestus der verhüllten Hände heiligt also die Mutter ihr Kind, macht es zum Gott – und sich zur Gottesmutter. Im Kult ihres dergestalt erhöhten Kindes findet sie selbst einen neuen Sinn ihrer bis dahin bedeutungslosen Existenz, veredelt diese und erhöht sich selbst, wenn auch durch einen Akt der Unterwerfung – einen Akt der Unterwerfung jedoch, der ihr auch ungeahnte Macht verleiht über ihren Sohn, den von ihr selbst geschaffenen Gott. Denn er und seine Göttlichkeit bleiben abhängig von ihr und dem Kult, den sie allein für ihn ausrichtet. Es entsteht dadurch eine symbiotische Beziehung, die von wechselseitiger Abhängigkeit geprägt ist und Dritte im wesentlichen ausschließt, in psychoanalytischer Terminologie eine dyadische Beziehung.« (47) So gelesen, schreit das Bild geradezu nach einer psychoanalytischen Deutung. Erinnert sei nur, dass die eigentümliche Machtdialektik, die das Bild vorführt, durchaus auch biblischen Anhalt hat, denn im Lobgesang der Maria heißt es ganz nüchtern: ›Meine Seele erhebt den Herrn!‹ (Lk 1,46). Anders gewendet: Gott wird größer durch den Lobgesang der Maria.

Sehr eingängig werden die Machtverhältnisse im Bild benannt. In der rechten Figurengruppe ist die Macht eindeutig auf Seiten der Mutter; im Bild der Liebenden ist der Mann überlegen; im Pietà-Gemälde ist die Frau die starke Tröstende. »Die Abfolge chiasmatischer Verkehrung der Machtverhältnisse in den dargestellten Zweierkonstellationen lassen an das Zusammenspiel komplementärer Persönlichkeitseigenschaften denken, wie sie für den narzißtischen Beziehungsmodus typisch sind.« (128)

Die Autoren geizen nicht damit, die biographischen Hintergründe auszuleuchten: der depressive Vater, die siebzehn Jahre jüngere Mutter, der Tod einer Schwester, das Drama des hochbegabten Kindes. Sehr behutsam werden inzestuöse und narzisstische Bedeutungshöfe abgeschritten. In diesen Kontext gehört auch die Frage nach der subtilen Identifikation Picassos mit Christus. Subtil, wie gesagt, denn im ausgeführten Gemälde verzichtet Picasso auf die deiktische Geste zum Himmel, wohl kaum, weil andernfalls die »Geschlossenheit der Figurengruppe« (132) zerstört worden wäre, sondern weil sich Picasso der Abgründe dieser Identifikation bewusst ist. Richtig sehen die Autoren, dass der Anspruch auf Göttlichkeit mit seinem Selbstverständnis als Künstler zu tun hat. »Es ist die Kunst. Sie ist es, die ihn über die profane Sphäre des Menschen erhebt, die ihn zum Auserwählten und zum Vertrauten, ja zum Sprachrohr des Göttlichen macht. Und wie die Auferstehung Jesu nicht nur seinen persönlichen Sieg über Leiden und Tod, sondern als das Erlösungswerk die Menschheit als Ganze betrifft, so geht es auch hier um mehr als nur die Befreiung eines einzelnen, um mehr als Mutter-Kind- oder Paarbeziehungen, sondern um die Erlösung der Menschheit vom Leiden, das durch die Partikularität und Kontingenz ihres Seins verursacht wird.« (132)

Wie bei Franz Marc, so stand natürlich auch bei Picasso eine Nietzsche-Lektüre Pate. Mit geradezu naiver Freude identifiziert Picasso sich in Selbstporträts mit dem Teufel. Aber ebenso hintersinnig bedient er sich bei der christlichen Ikonographie und stilisiert sich selbst zum Erlöser. Auf das Spiel mit Masken und Maskeraden muss sich einlassen, wer hinter das Geheimnis von Picasso kommen will.

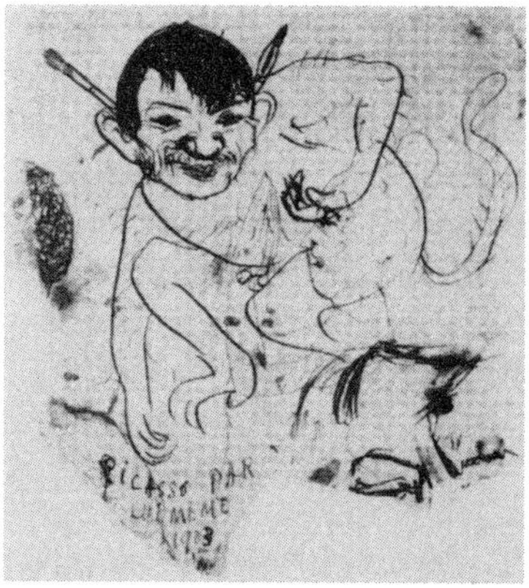

Pablo Picasso, Selbstportrait als Karikatur (1903)

Zu kurz greift mir die Bestimmung, die die beiden Autoren anbieten, wenn sie behaupten: »Nicht sich selbst sein Paradies zu malen, die Erlösung auf der Leinwand vorwegzunehmen und so sich selbst ans Ziel seiner Sehnsucht zu versetzen, war Picassos Anliegen, sondern mit den Mitteln seiner Kunst das Gefängnis der Realität und der Konventionen, die sie auszumachen schienen, zu zerstören und aufzubrechen auf dem gefahrvollen, mühsamen, leidvollen Weg ins Ungewisse.« (155) Das hört sich nach mentalem Kunstgewerbe und Selbstfindungstrip an. Richtig ist, dass Picasso im Unterschied zu Franz Marc keine idyllische ›Regression‹ auf eine Stufe der Zivilisation befürwortete, die einer Entfremdung vorgelagert ist, aber sein ›Erlösungsprojekt‹ bleibt, wie ich zeigen werde, ein *Projekt* glückender Beziehungen, auch der zwischen Bild und Betrachter. Davon bleibt ganz unbenommen, dass Picasso selbst in seinen Paarbeziehungen desaströse Erfahrungen gemacht und befördert hat.

Francoise Gilots Memoiren ›Leben mit Picasso‹ zeichnen ein grelles Bild: »Du bildest dir wohl ein, daß sich die Leute für dich interessieren? (...) Niemals, und schon gar nicht um deiner selbst willen. Selbst wenn du denkst, die Leute mögen dich, wirst du nichts als Neugier für einen Menschen finden, dessen Leben sich mit meinem so sehr berührt hat. Und du wirst von allem nur den bitteren Nachgeschmack haben. Für dich ist die Realität zu Ende – hier, an diesem Punkt endet sie. Wenn du versuchst, auch nur einen Schritt aus meiner Welt zu machen, die die deine geworden ist, weil ich dich entdeckte, als du noch jung und unentschieden warst, und alles um dich her verbrannt habe, dann gehst du geradewegs in die Wüste. Und wenn du wirklich fortgehst, dann wünsche ich dir das auch. (...) Ich möchte lieber eine Frau sterben sehen, als sie mit einem anderen glücklich zu wissen.« (Zitiert nach Becht-Jördens, Wehmeier 2003, 167) Gestörte dyadische Beziehungen, der Narzissmus als pathologisches Muster, machen offensichtlich das Leiden eines Picasso aus – Leiden, das gleichzeitig Antrieb für seine Kunst ist. Würde sie therapiert, so die sympathische – und auch ein wenig entmythologisierende – Volte der Autoren, würde es das Ende seiner Kunst bedeuten.

8.2 Inszenierte Erlösung

Vor dem Hintergrund seiner eigenen Leidensgeschichte ist es deshalb auch nicht zufällig, dass in Picassos Werken die *Gesten des Schreckens* eine neue Dynamik entfalten. Seine drallen Frauen auf dem Gemälde *Laufende Frauen am Strand (Der Wettlauf)* (1922) etwa lehnen sich, was die Gesten angeht, an klassische Vorbilder an, an das »Motiv der ›Gegeißelten‹ aus der sogenannten Mysterienvilla in Pompeji« (Walther 1999, 53). Und in den zwei berühmten Gemälden *Massaker in Korea* (1951) und vor allem in *Guernica* (1937) sind Schreckensgesten, wie sie Aby Warburg lebenslang gesucht hat, idealtypisch auszumachen, etwa auf dem linken Teil des Gemäldes *Guernica*.

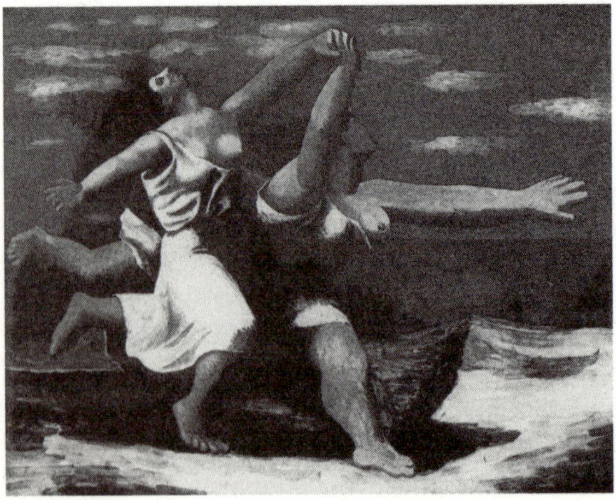

Pablo Picasso, Laufende Frauen am Strand (Der Wettlauf) (1922)

Becht-Jördens und Wehmeier haben deutlich machen können, dass auch in diesen Bildern die biographische Leidensgeschichte in die Bildkonstruktion mit Eingang gefunden hat. Wie in den anderen Bildern so gilt auch hier: die Passionsikonographie (und christliche Ikonographie überhaupt) – das sterbende Pferd ist wiederholt in der kunsthistorischen Literatur mit dem sterbenden Christus auf dem Isenheimer Altar identifiziert worden, Entlehnungen aus Hans Baldungs ›Behextem Stallknecht‹ sind entschlüsselt, die zentrale Dreieckskomposition erinnert nicht nur an griechische Tempelkonstruktionen, kann immer auch trinitarisch oder als Auge Gottes gedeutet werden – erfüllt eine doppelte Funktion. Sie steht zum einen für den exorbitanten Anspruch, Kunst eine Erlösungsfunktion zuzusprechen, also vom Leid zu erlösen. Dies gelingt, wenn es denn gelingt, indem dem realen Leiden im Bürgerkrieg in Spanien durch die ästhetische Übersetzung der Schrecken des Unmittelbaren genommen wird. Anders gewendet: durch die ästhetische Distanzierung kann die Gewalt kanalisiert werden. Die eingesetzten Pathosformeln führen, dank ihrer Herkunft aus dem Ritus (und der späteren Überführung in die Tragödie), zu einer Reinigung. Der bereits in der aristotelischen Tragödienkonzeption angelegte Dreischritt von Schrecken, Mitleid und Reinigung (Huizing 2004, vgl. Becht-Jördens, Wehmeier 2003)

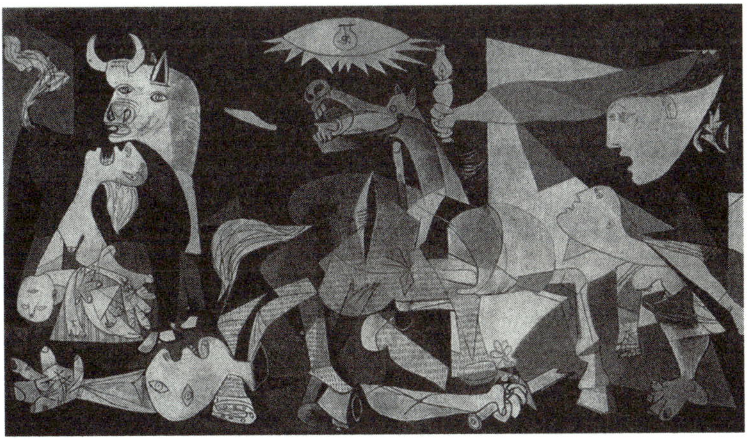

Pablo Picasso, Guernica (1937)

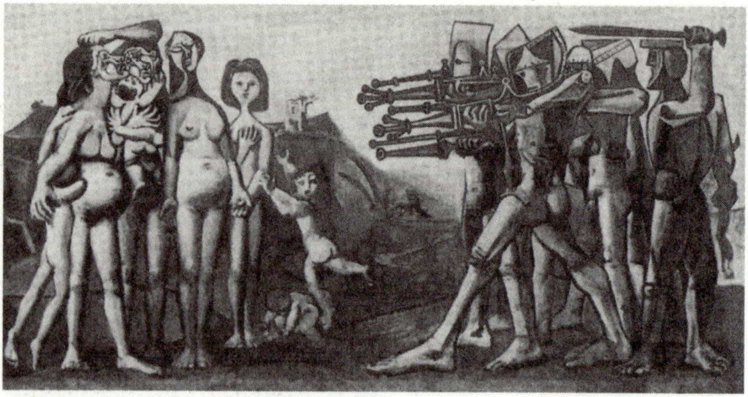

Pablo Picasso, Massaker in Korea (1951)

kommt auch hier zum Einsatz. Aber die christliche Passionsikonographie ist natürlich nicht integral bestimmt, wenn man sie auf die aristotelische Tragödientheorie abbildet. Es geht immer auch um die *definitive* Überwindung des Leidens. Auch wenn man das Definitive des Anspruchs in aestheticis ein wenig abschält, bleibt als Kern doch übrig, dass es auch der Kunst – zumindest in der Variante bei Picasso – um eine grundsätzliche Erlösung vom Leid geht.

Mit dieser Erlösungsfunktion der Kunst geht die biographische Komponente einher, weil Picasso sein privates Leidensgeschäft immer auch in diese Bilder einträgt. Immer wieder tauchen an prominenter Stelle höchst problematische Mutter-Kind-Konstellationen auf (etwa in dem Gemälde *Massaker in Korea*). Der ganz private Schrecken seiner Behütungs- und Ablösungsgeschichte von der Mutter wird stets mitverhandelt. Daraus erwächst seine Kunst. Und: Sie wird transformiert in ein Verhältnis zwischen Künstler und Zuschauer. Picasso sucht, nahezu zwanghaft, den Kontakt mit dem Zuschauer. Aber auch hier droht das Misslingen einer dyadischen Beziehung. Auch hier droht die narzisstische Engführung. Picasso will bewundert werden. Das ist der Preis seiner Erlösungstat.

In dieses Erlösungsmuster fügen sich auch andere Stil-Revolutionen ein. Picassos bis heute frappierendes Unternehmen, eine Figur im Bild von mehreren Seiten einzufangen, okkupiert die göttliche Sicht der Dinge. Seine Auflösung und zweite Schöpfung von Gegenständen im Kubismus macht auf einen Schlag sinnfällig, wie dicht Picasso den Schöpfer und den Künstler als zweiten Schöpfer aneinander rückt. Und ein gewisses (katholisches?) Gefälle bleibt zwischen Modell und Künstler, Künstler und Zuschauer immer in Kraft. Selten agieren beide auf Augenhöhe.

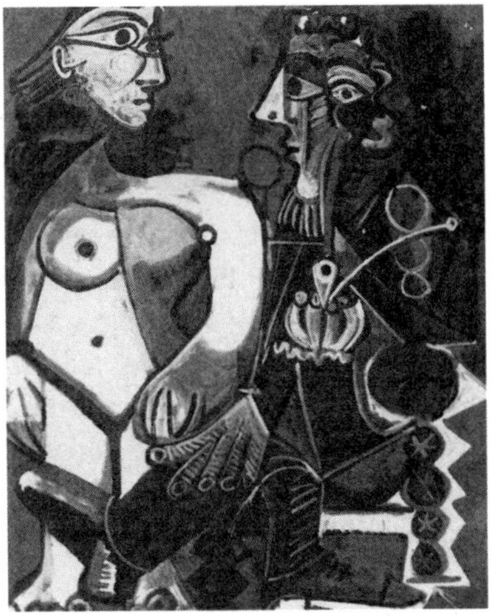

Pablo Picasso, Weiblicher Akt und Raucher (1968)

Im Spätwerk, das ist häufig beobachtet worden, nähert sich der Gestus der Malerei wieder der Kinderzeichnung an. Erst hier taucht eine Idee von Reinheit auf, die in zweiter Naivität einen gelösten Umgang miteinander ermöglicht. Hier auch scheint es zu einer Erlösung in jeder Hinsicht zu kommen. Maler und Modell agieren (beinahe) auf Augenhöhe.

Die Erlösung ist nahe. Auch für Picasso.

Ob die Erkundung der wenig abgedunkelten Innenwelten eines Picasso, ob das Offenlegen seiner biographischen Verstrickungen, ob die Hereinnahme psychoanalytischer Deutungskriterien die Sinnmaschine ›Bild‹ kräftiger in Schwung bringt, kann nur der Betrachter entscheiden. Aber nichts wäre falscher, als sich dieser Chance zu berauben. Leid wird durch die ästhetische Gestaltfindung beherrschbar. Und warum soll man Picasso nicht glauben, dass die Störung der Zweierbeziehung (und der Geselligkeit) die eigentliche Krankheit ist, von der man erlöst werden muss? Er jedenfalls hat auf diesem Gebiet alles gewusst.

8.3 Kleiner Ertrag

Picasso hat die christliche Ikonographie zur Deutung (und Therapie) seiner eigenen Lebensgeschichte eingesetzt. Seine Sehnsucht inkarniert sich in der Frau, genauer: in der glückenden Beziehung zu einer Frau. Und noch immer haben die ekstatischen Gesten, die der Antike entstammen, die Kraft, den Schrecken und das Leid zu bebildern und gleichzeitig zu kanalisieren. Ob Picasso, der kein Interesse verspürte hinter seinen Bildern zu verschwinden, vielmehr in seinen Bildern überpräsent ist, wirklich erlösen kann, bleibt fraglich, denn vor den Bildern ist der Betrachter zunächst allein. Aber vielleicht sind die Bilder Fingerzeige und wecken die Sehnsucht nach Erlösung. Auch das wäre nicht wenig.

9. Piet Mondrians prophetische Linien

9.1 Calvinistische Antike

Piet Mondrian.

So nennt er sich, durchaus marktbewusst, ab 1911 außerhalb Hollands. Geboren wird er als Pieter Cornelis Mondriaan in der holländischen Kleinstadt Amersfoort 1872. Noch zu seinen Lebzeiten steigt er zu einer Ikone der modernen Malerei auf. Der Wiedererkennungseffekt seiner späten Bilder ist enorm. Jeder halbwegs Gebildete kennt die Gitter- oder Rasterbilder des späten Mondrian: Farbfelder in nur wenigen Grundfarben, auf koloristische Spezialeffekte ganz verzichtend, man glaubt die Freude an der Askese herauszuspüren, mit denen Mondrian Farbschwelgereien in der Malerei früherer Zeit zur Räson ruft.

Dem breiten Publikums-Geschmack bleiben die frühen Bilder Mondrians oft unbekannt, Bildersäle prall voll mit bäuerlichen Szenen, mit den unvermeidlichen Brabanter Mühlen und Kühen auf Weiden, Blumenbilder mit fragwürdigem Chic, ätherische, nahezu entstofflichte Damen, Bilder, die alle auf die späten geometrischen Muster geeichten Augen der Betrachter als Mondrian-Bilder einfach nicht wiedererkennen können. Was einmal die suchenden Augen als gültig für einen Maler entdeckt haben, wird zu einem Maßstab, der das Frühe als ungültig oder falsch ausscheidet. Nur der spä-

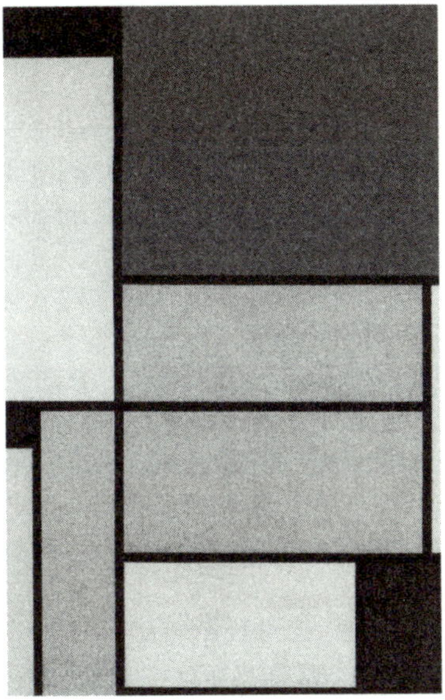

Piet Mondrian, Tableau I mit Schwarz, Rot, Gelb, Blau und Hellblau (1921)

te Mondrian zählt. Für seinen Mythos wäre es ratsam gewesen, wenn er das Frühwerk vernichtet hätte.

Blendet man aber das Frühwerk aus oder verkürzt es als Vorbote der Gitternetz-Orgien, dann bleibt ein unverstandener Künstler übrig. Eine als totale Rationalität gefeierte Kunst, und das ist es, was man an den späten Bildern glaubt ablesen zu können, verlangt ein durchorganisiertes Kunstwerk. Das bleibt nicht ohne Folgen für den Künstler. Das expressionistische Subjekt nimmt sich zurück zugunsten einer Abstrahlungskälte sachlicher Farbfelder und biedert sich Fälschern an, die Bilder massenhaft unters Volk zu bringen. Insofern ist Mondrian auch immer Opfer seiner Beherrschung des Materials. Die Lähmung der Spontaneität führt im Gegenzug zu einer Beherrschung des malerischen Subjekts. Der Maler Mondrian gebietet streng übers Material. Und das ist offensichtlich schnell lernbar. Fünftklässler können ihn, der bei den späten Bildern absichtsvoll auf Kuratesse im Malvorgang verzichtete – sie sind absichtsvoll: soll man sagen ›schlampig‹? gearbeitet – spielend malerisch erreichen. Die Reduzierung malerischer Mittel, Mondrian hat sie mit nicht kleiner Geste verworfen, zieht einen Verzicht auf jenes Flair von Unnachahmlichkeit nach sich, um die Maler gewöhnlich ringen. Jene herrschaftliche Geste, mit der Mondrian zu Werke geht, lässt ihn selbst beherrschbar werden. Er zerstört den individuellen Ausdruck der Formen und entmachtet sich als individueller Künstler. Er ist Täter und Opfer dieser Dialektik. Kein ganz neuer Prozess.

Diese Ohnmacht ist der Preis, den er offenbar gerne zahlt. Sein Schicksal. Für den späten Piet Mondrian gilt: das Unordentliche, völlig freie Element, wird tabuisiert; auch wenn die behauptete Nähe zum Jazz in manchen späten Bildern spürbar bleibt, sind es doch nur Variationen einer immer gleichen Struktur. Wer das Prinzip durchschaut, vermag es schnell nachzuahmen. Kann daraus aber überhaupt Sinn entstehen oder sind diese späten Bilder eher als inszenierter Schock zu deuten, der gerade darauf verzichtet, Sinn zu produzieren? Erstarrt hier nicht die Kunst trotz der Bewegung, die die Farbfelder in ihrer Anordnung andeuten? *Handeln* diese Bilder noch am Betrachter? Wird diese Kunst nicht zu einem rein technischen Kunstwerk? Vollendet durchorganisiert, alles Zufällige, alles Spontane aus dem Kunstwerk entfernend, wirkt das Kunstwerk nahezu autistisch.

Kommt bei Mondrian vielleicht die vollständige Bändigung der Angst zur Darstellung – mit der Folge, dass die Bilder funktionslos werden? Verstummen? Und allenfalls als Verstummende können sie noch einen Schock vermitteln, den, keinen Sinn mehr aus sich zu entlassen. Kommt mit Mondrian der kulturelle Prozess der Entängstigung also an sein Ende? Ist es das Ende der Kunst? Verendet die Kunst im Spätwerk Piet Mondrians? Oder wird sie doch wieder (vielleicht in seinen letzten, kurz vor seinem Tod entstandenen farbfrohen New Yorker Bildern) prophetisch?

Noch einmal anders gefragt: Lässt sich Mondrian mit dem von mir bevorzugten Wissenschaftsbesteck der von Warburg und dann von seinem Schüler Panofsky ausgehenden Ikonologie angemessen bearbeiten, die doch davon ausgeht, dass das Kunstwerk als das »›Sinn ergebende System‹« (Panofsky 1978, 15; vgl. Deicher 1995, 12) verstehbar sei, weil sich in der Kunst das ethische Ideal der ›Humanitas‹ (Deicher 1985, 7), letztlich die Menschenwürde, in meiner Interpretation: die Kultivierung der Angst, spiegle? Oder torpediert Mondrian lustvoll hermeneutische Prozesse? Ist er, wie die feinsinnige und sehr findige Interpretin Susanne Deicher will, jemand, der das humanistische Ideal aufkündigt und der sozialen Kälte das Wort redet? Stimmt es wirklich, dass den späten Bildern Mondrians »die Bindung an das von Panofsky und Warburg beschriebene und seit der Antike in der abendländischen Kultur entwickelte Repertoire der Ausdrucksgesten« (Deicher 1995, 14 vgl. auch Didi-Huberman 2000) fehlt?

In seinem Roman ›Suche mein Angesicht‹ hat Updike, ich habe ihn oben bereits zitiert, seine Protagonistin sagen lassen, auch abstrakte Kunst erzähle eine Geschichte. Die verborgene Geschichte, die die Bilder von Mondrian erzählen, ist für mich in zweifacher Hinsicht spannend. Zeitlebens hat Mondrian seine Kunst in eine enge Beziehung zur Religion gerückt. Wie kaum ein zweiter Maler der Moderne hat er sich über das Verhältnis von Religion und Kunst in einer nicht enden wollenden Meditation Rechenschaft abgelegt. Seine Beiträge in der mit seinem Freund Theo van Doesburg herausgegebenen Zeitschrift »De Stijl«, der man heute Kultstatus zuschreiben würde, durchzieht ein theologischer Grundton. Zweitens gehörte Mondrian einer kämpferisch-calvinistischen Kirche an, deren Mitglied und Theologe auch ich lange war: der Gereformeerde Kerk. Das macht die Beschäftigung für mich nicht ganz vorurteilsfrei.

Überraschend ist zunächst, dass Mondrian einen Beitritt zu einer religiösen Gemeinschaft im gleichen Jahr vollzieht, in dem er sich in die Kunstakademie in Amsterdam immatrikuliert. Offensichtlich will er seine künftige Kunst in ein ganz bestimmtes religiöses Konzept einpassen. »Mondrian trat gleich nach seiner Ankunft in Amsterdam einer radikalen protestantischen Kirchengemeinde bei, der noch heute bestehenden Gereformeerde Kerk, die vor 1900 eng mit einer konservativen Partei, der sogenannten Antirevolutionären Partei, zusammenarbeitete. Es gibt eine ganze Reihe von religiösen Illustrationen Mondrians, die er nach Vorbildern aus dem 17. Jahrhundert anfertigte. (...) Die Gereformeerde Kerk verstand sich selbst als Bollwerk und Insel innerhalb der niederländischen Gesellschaft, die sich in der zweiten Hälfte des 19. Jahrhunderts immer schneller veränderte. In dieser Kirche fanden sich Menschen zusammen, die die um 1900 sich andeutenden Umwälzungen selbst steuern und für eine ›richtige‹ ethische Entwicklung sorgen wollten. Sie waren nicht bereit, sich ihre tatsächlich nur schwache Position einzugestehen. Gegen diese neue Zeit setzten sie deshalb das apokalyptische Bild des Weltuntergangs im ›großen Brand‹, nach dem ein ›neues Leben‹ für alle beginnen würde. Auf diesen Augenblick bereiteten sie sich vor, indem sie innerhalb ihrer Kirchenorganisation kleine autonome Welten entstehen ließen, in denen das Leben so geregelt war, wie sie es für richtig hielten. Mondrian fand in dieser Kirche seinen eigenen Wunsch nach einem ›neuen Leben‹ wieder.« (Deicher 2005, 8f.)

Zu den Illustrationen, die Mondrian in diesem Milieu anfertigte und in dem Verlag eines Gemeindemitgliedes herausbrachte, gehörten viele Märtyrer-Bilder, die man gewöhnlich nicht mit ihm verbindet. Die Gesten entstammen dem alten Warburg-Repertoire. Offensichtlich waren diese Bilder so sehr in sein Bewusstsein eingeschrieben, dass der späte Mondrian sich selbst zum Märtyrer der Abstraktion stilisierte. In Interviews sprach er, milde verstörend, über seine Arbeit als Folter und Zwang, die sein Leben zu einem Martyrium gemacht habe (Deicher 1995, 55).

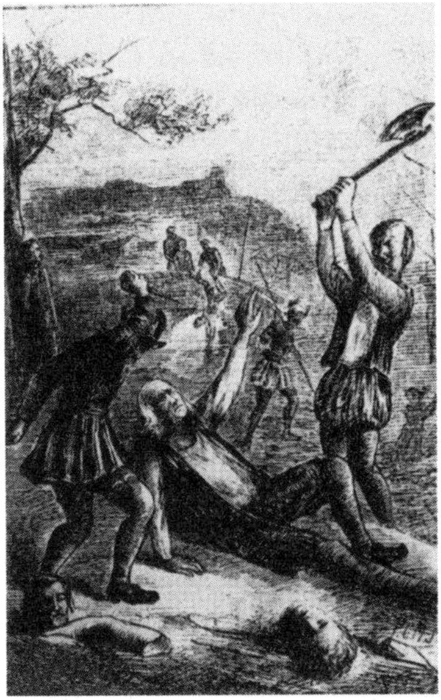

Het Bloedbad in Ierland, Illustration aus D.P. Rossouw, Mede-erfgenamen van Christus (1896/97)

Wie sein Vater, der religiöse Trivialkunst für Kirchen anfertigte (zusammen malten sie 1894 ein großes, sehr frommes *Stillleben* für ein Schuljubiläum), stand Piet Mondrian der Gedankenwelt Abraham Kuypers nahe. Kuyper, viele Jahre Vorsitzender der Antirevolutionären Partei, von 1901-1905 Ministerpräsident der Niederlande, war von Hause aus Theologe. Seiner als Neu-Calvinismus bezeichneten Theologie, die er als Professor an der von ihm gegründeten Vrijen Universität in Amsterdam lehrte, ging es nicht zuletzt auch um eine deutliche christliche Präsenz auf wissenschaftlichem und gesellschaftlichem Terrain. Sein Ideal einer freien Kirche führte schließlich zu einer Abspaltung von der Volkskirche, der Hervormde Kerk (Reformierte Kirche). Diese neue Kirche nannte sich Gereformeerde Kerk.

Das theologische Hauptwerk von Kuyper hieß »De gemeene gratie« (1902: Die allgemeine Gnade). In diesem Hauptwerk entwirft Kuyper eine allgemeine Erwählungslehre (Calvin hatte noch von einer doppelten Prädestination, von einer Erwählung der Menschen durch Gott zum Guten und Bösen gesprochen), die garantieren soll, dass die Menschen in ihrem geschichtlichen Schicksal nicht gefangen bleiben. Die göttliche Gnadenwirkung befreit jeden Einzelnen, sofern er es denn zulässt, von schlechter staatlicher oder weltlicher Macht. Frei ist der Mensch also primär in der Freiheit von ihn entfremdender staatlicher Macht. Positive Freiheit ereignet sich in freien Kreisen (kringen), die sich dem Glauben geöffnet haben. Dieser gruppenorganische Freiheitsbegriff dient als kritische Folie für alles Bestehende, das nach Kuypers Einsicht untergehen muss, damit ein ›neues Leben‹ wirkungsvoll beginnen kann. Von diesem ›neuen Leben‹ war auch Mondrian beseelt.

9.2 Himmlisches Jerusalem

In Hegelscher Manier verstand Kuyper – für einen Calvinisten durchaus nicht selbstverständlich – die Kunst als Vorschein des Paradieses auf Erden (De gemeene gratie in wetenschap en kunst, 1902). Auch in dieser Hinsicht ist ihm Mondrian gefolgt. Werner Hofmann (1983, 572ff.) hat zeigen können, dass die späten New Yorker Bilder mit ihren Streifenmotiven als Stadtpläne des künftigen Neuen Jerusalems gelesen werden können. Späte Texte Mondrians aus ›De Stijl‹ weisen in der Tat eine frappante Verwandtschaft mit dem einschlägigen Text von Kuyper zu diesem Thema auf. Selbstbewusst geht Mondrian allerdings noch einen Schritt weiter. Kunst ist nicht nur Vorschein, sondern, wie er sagt, »beelding van het Universeele« – also Konstruktion des Universalen (vgl. Deicher 1995, 21). »Unser Bild ist eine von Mondrians Metaphern für dieses universale Gleichgewicht, in dem alle Gegensätze und Konflikte aufgehoben sind. In seinem farbigen Koordinatengefüge kommt die Ahnung vom künftigen Jerusalem zum Vorschein, das einen neuen Himmel und eine neue Erde in sich vereinen wird (Jesaja 65,17, Hesekiel 48,30f.). Das raumkörperliche Gebilde, das Johannes im 21. Kapitel der Offenbarung beschreibt, ist vollkommen ausgewogen: ›Und

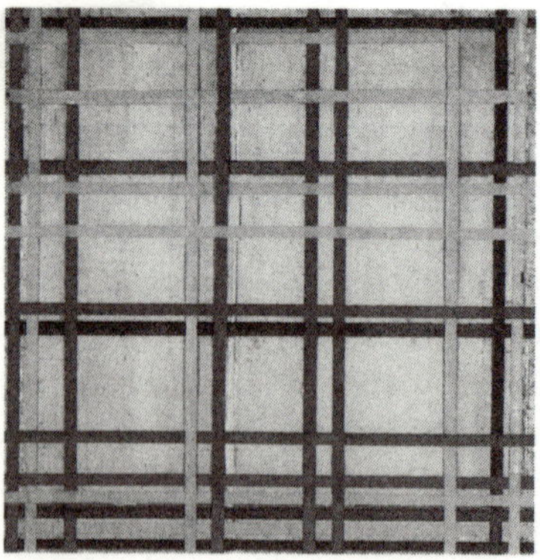

Piet Mondrian, New York City I (unvollendet) (1941)

die Stadt liegt viereckig, und ihre Länge ist so groß als ihre Breite. – Die Länge und die Breite und die Höhe der Stadt sind gleich.‹ (...) Was Mondrians strahlende ›Idealstadt‹ angeht, so vermeidet sie das symmetrische Ordnungsschema. Vielmehr verbinden sich ihre Achsen zu dem dynamischen Gleichgewicht, das Mondrian in allen seinen Bildern anwendet und das zu den formalen Grundsätzen der De-Stijl-Bewegung gehört.« (Hofmann 1983, 596)

Diese unterschwellige Nähe auch des späten Mondrian zu Kuyper ist überraschend, weil Mondrian 1909 der theosophischen Gesellschaft beitrat und auch Geheimbünden gegenüber eine gewisse Schwäche besaß. Und nicht zufällig erinnert die spätere Gemeinschaft ›De Stijl‹ an die Kuyperschen Kreise. Aber offensichtlich hat Mondrian durchgängig die protestantischen Bildcodes immer wieder bedient und sich dabei auch nicht vor einer Nähe zur religiösen Trivialkunst gescheut. Das Porträt *Kind* von 1900 etwa scheint religiösen Andachtsbildern entsprungen, und viele von Mondrians Blumenbilder können und wollen eine gewisse Nähe zu Devotionalien nicht verschweigen. Offensichtlich war für Mondrian der Unterschied zwischen trivialer und elitärer Kunst nicht so markant, wie man vermuten könnte. Ein Grund dafür liegt fraglos in seiner ursprünglichen Anbindung an die Gereformeerde Kerk, die ein Gefälle von oben und unten nicht zugestand. Deicher hat sogar zeigen können, dass sein dreiteiliges Gemälde *Evolution*, in dem Mondrian eine Auseinandersetzung mit Darwin versucht und die geistige Entwicklung feiert, zwar in einem Zeitraum entsteht, als Mondrian sich intensiv mit der Theosophie beschäftigte, als Vorlage diente ihm aber eine sehr fromme Illustration zu Jon Bunyans ›De Heilige Oorlog‹ (The holy war, 1682).

Mit Vehemenz legt Mondrian zeitlebens allen Nachdruck auf das Geistige, eine fraglose Erbschaft des Neo-Calvinismus. Nun hat Mondrian aber auch zu Beginn seiner Karriere erdenschwere Landschaftsbilder gemalt. Wie und wo hat also der frühe Mondrian im Natürlichen das Geistige entdeckt?

Nach tastenden Anfängen wirken die Landschaftsbilder ab 1905 dynamisiert und forsch vergeistigt. Auf einigen Gemälden glaubt man die ornamentalen Wolkengebilde aus Bildern Van Goghs wiederzuerkennen. Andere erinnern von der Stimmung her an

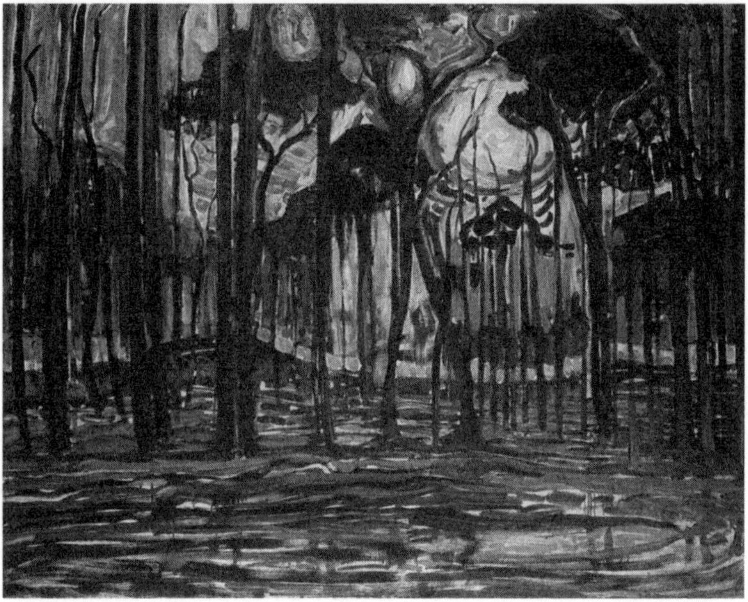

Piet Mondrian, Wald bei Oele (1908)

Caspar David Friedrich und zitieren, wie Deicher wiederum zeigt, das berühmte gotische Fenstermotiv. Im *Wald bei Oele* (1908) bilden die Bäume zusammen mit der Sonne die Form eines gotischen Fensters. Steht die Sonne als Metapher für Gott, dann wird hier vom Künstler demütig darauf verwiesen, dass auch die Malerei eine Arbeit im geborgten Licht ist.

Zwar behauptet Deicher an dieser Stelle treffend, auch die Romantiker hätten nicht einfach die Natur abgebildet, sondern im Bild eine Erfahrung inszeniert, die man vor Ort der Natur schlechterdings so gar nicht machen könne, an dieser alles entscheidenden Stelle wird man allerdings mehr sagen müssen. Caspar David Friedrich hatte die Frage nach der Erfahrung des Universums, des Heiligen, in der Spur von Schleiermacher in konkreten Darstellungen der Naturgesetze aufgesucht und die Gemälde idealtypisch inszeniert. Insofern war auch Friedrich ein ›*Konstrukteur des Universalen*‹. Es war eine künstliche Natur, die er malte. Die Radikalität Mondrians besteht nun darin, in seiner

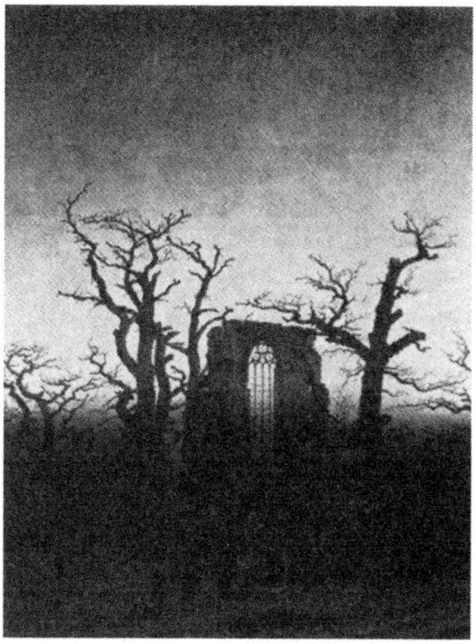

Caspar David Friedrich, Abtei im Eichwald (1809-10)

weiteren künstlerischen Entwicklung dieses konstruktive Element ungeheuer zu verschärfen. Dazu verhalfen ihm die Erfahrungen, die er in Paris machte.

Die Begegnung mit der kubistischen Malerei muss für Mondrian ungeheuerlich gewesen sein. Die kubistischen Maler wie Braque oder Picasso spalteten die Malerei in die Grundelemente von Zeichnung und Farbe auf, sprachen der zeichnerischen Linie das Erstgeburtsrecht zu und ließen aus ihren schwarzen Linien die Welt neu entstehen. Die starke Wirkung der Zeichnung könnten sie bei Raffael entdeckt haben. Auch die Nazarener feierten Raffael wegen der klar konturierten festen Linie, die die Personen einfassten; sie deuteten diesen Malgestus – wie gesehen – als Zeichen für die ethische Integrität. Bei den Kubisten und in deren Fahrwasser bei Mondrian wird die Linie immer stärker entnaturalisiert, sie wird zum Gesetz der Wirklichkeit.

Bei Mondrian nimmt dieser Prozess der Entnaturalisierung immer weiter zu. Wie etwa soll man folgende *Komposition 10 in Schwarzweiß* von 1915 deuten: als Meer, als Sternennacht? Und hat nicht jede Deutung ihr eigenes Recht? Vielleicht. Mir scheint aber in diesem Bild für den Betrachter eine Blickführung vorgeplant zu sein, nämlich ein sukzessives aufsteigen und, bei offenen Grenzen, ein Übersteigen, also ein Transzendieren. Der Betrachter macht eine erhebende Erfahrung. In Texten jener Jahre hat Mondrian nicht zufällig davon gesprochen, die Bilder sollten wie Türme von Kathedralen erscheinen und ein ›emporsteigen‹ inszenieren.

Nach 1917 verschiebt sich Mondrians Arbeitsweise noch einmal. Jetzt nämlich wird die Linie doch wieder eingesetzt, um wie

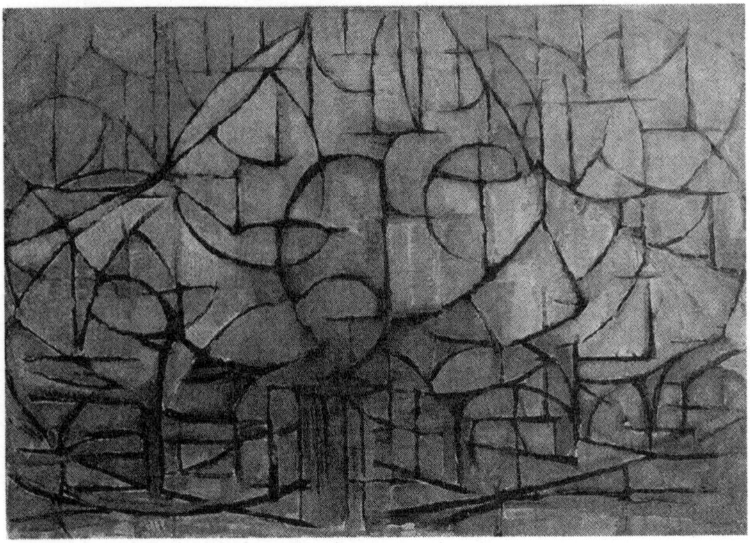

Piet Mondrian, Blühende Bäume (1912)

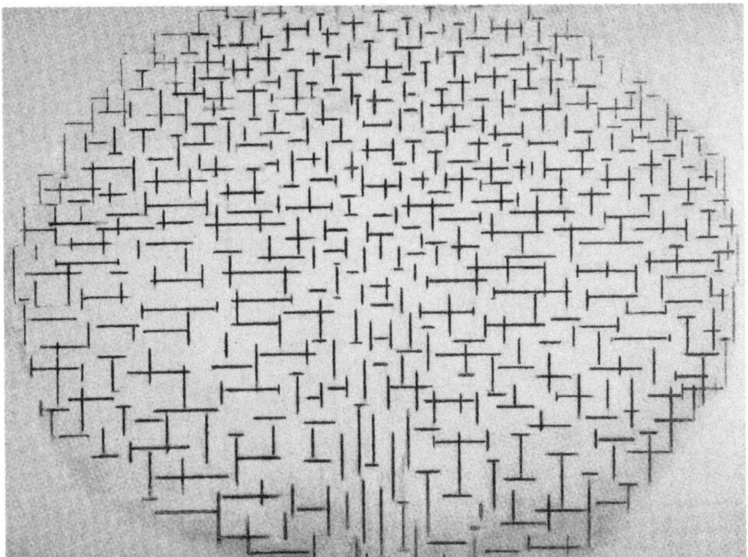

Piet Mondrian, Komposition 10 in Schwarzweiß (1915)

bei den Nazarener Festigkeit auszudrücken. Jetzt entstehen seine berühmten Gitter- oder Rasterbilder, die die Konsistenz von Architekturskizzen besitzen. Die nicht beherrschbare Dynamik wird der Farbe überlassen. Ab Mitte der zwanziger Jahre wird die Beherrschung der Farbe durch die Linie abgemildert, indem Mondrian beginnt, die Farbfelder zu vergrößern und unregelmäßiger auf der Fläche zu verteilen. Diese Bilder vermitteln eine erstaunliche Dynamik, weil die Farbwerte eine Eigenbewegung entfalten. Hintersinnig fügt er zunehmend ein Mittelkreuz ein, als würden die Farbfelder auf eine Kreisbewegung drängen, ein vielleicht ironischer Kommentar zu den Brabanter Mühlen seiner frühen Malerei.

Ein entscheidender Bruch mit der traditionellen Malerei steht aber noch aus. Mit der alten Malerei verband ihn trotz aller Neuerungen doch der Zweiklang von Linie und Farbe. Wirkliches Neuland betrat Mondrian erst, als er die Linie spielerisch verdoppelte. »Wenn eine Linie verdoppelt wird, ist sie also nicht nur ohne Funktion im Sinne der klassischen Aufgabenstellung der Linie als Kontur in einer Zeichnung. Sie wirkt auch wie eine Kopie ihrer selbst.« (Deicher 2005, 83)

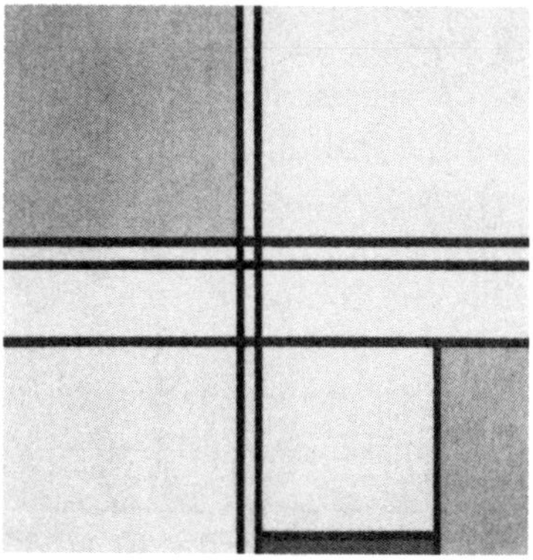

Piet Mondrian, Komposition Grau-Rot (1935)

Damit wird in der Tat das Ideal des Verstehens herausgefordert. Offensichtlich markieren diese Bilder eine Grenze. »Ich selbst bin ja ein Stück Natur«, diese Einsicht Adornos will Mondrian mit aller Kraft bekämpfen. Seine Kunst will Freiheit von der Natur sein. Und er hat so lange und so konsequent gearbeitet, bis er glaubte jenen Punkt zu erkennen, an dem der Maler endgültig zum reinen Konstrukteur des Universalen wird.

9.3 Kleiner Ertrag

Sehr lange war Mondrian in den Spuren der romantischen Urintention unterwegs, zum Ende hin glaubte er unbekannte Pfade zu betreten. Schauen wir genauer hin.

Als *Konstrukteur des Universalen* will er den Bildern eine Macht zusprechen, den Menschen von der alten Welt zu erlösen. Erst dann wäre die von Kuyper beschworene allgemeine Gnade erfahrbar. In theoretischen Texten hat er durchaus zu erkennen gegeben, wie das ›neue Leben‹ aussehen soll. Freundschaft, Familie, Liebe – die humanistischen Elementargemeinschaften – will Mondrian (auch nach den Erfahrungen mit De Stijl) hinter sich lassen, weil er eine tiefere Verwandtschaft, eine tiefere und reinere ›Relation‹ zwischen den Menschen zu entdecken glaubt. Damit transzendiert Mondrian in der Tat den humanistischen Eros der Warburg-Schule. Vom Betrachter verlangt er eine Geste mystischer Versenkung vor seinen Bildern, um reine Relationen einzuüben. »If the new art does not seem living to those who love figurative art, it is because they do not see the essential expression of the new plastic. And if its abstract means are not obstacle, this is because the essential expression of art has always been communicated through the rhythm of relationships of line and colour alone. If this rhythm is represented by the artist, his work cannot be empty. It is the same with life: if the new life expresses vital rhythm, it cannot resemble death. (...) Whoever denies that this evolution will not only continue but will result in a higher state, has only to follow the course of art's plastic evolution to its end. Thus he will better understand the somewhat disconcerting appearance today of the progress that increasingly emancipates us from traditional forms and from life's physical and spiritual oppression. Let us observe, for example, the individual and mutual separation of varied forms. It demonstrates that the loss of the life of the past in all its social, economic, and spiritual aspects; the decline of old-fashioned life and its advantages of intimacy of homeland and family; the charm of traditional friendship and love – all this is no real loss since it leads to a superior life. (...) The day will come when the individual will be capable of governing himself.« (Mondrian 1968, 258, 265)

Ich bin milde skeptisch. Menschen bleiben, auch im ›Neuen Leben‹, *Natur*wesen und sind auf Gesten der Güte angewiesen.

Die kämen auch einem Märtyrer der modernen Kunst zugute.

10. Bacon und die Gesten des Schreckens

10.1 Spätmoderne Antike

Scheinwerfer können nicht blinzeln. Sie starren immer gerade aus. Blickt man in das fotografierte Gesicht von Francis Bacon (1909–1992), dann hat man den Eindruck, er könne es nur mit größter Mühe fertig bringen, den Blick zu heben. Und kumpelhaft blinzeln könne er gar nicht. So ergeht es mir auch mit vielen seiner Bilder, denn diese Bilder verzichten auf Tricks der Annäherung. Sie rasen auf einen zu und erzeugen Fluchtreflexe. Der versammelte Gestus dieser Bilder durchschlägt jede Form des lässig schnellen Konsumierens. Und: Bacons Bilder rasen rückwärts. Eine Schubumkehr der Transzendenz. Bacon ist der mitleidlose Chronist der Leere und ihres Schreckens. Seine Figuren haben keine Manieren, genauer: sie haben keine Manieren auf höchstem Formniveau. Souverän verfügt er über die herkömmlichen Mittel der Kunstgeschichte und setzt sie ein, um gegen jeden überkommenen Anspruch von Sinn aufzubegehren. In gewisser Weise ist er Traditionalist, aber einer, der nur deren dunkle Seiten ausstellt. Man muss diese Absetzbewegung mit den Augen mit vollziehen, sofern es einem denn gelingt, die eigenen Fluchtreflexe ruhig zu stellen. Er negiert das Einverständnis zwischen Bild und Betrachter, das doch eigentlich zum Gestus des Malens zählt, indem er konvulsivisch verrenkte Figuren vor einem kitschigen, oft wie lackiert wirkenden rosa oder orangefarbenen Hintergrund platziert. Bacon inszeniert den Schrecken, oder richtiger: die Bilder zeigen eine reale Präsenz des Schreckens, die kein Katastrophenfoto eines Magnum-Bild-Reporters erreichen kann.

Über die Auswahl der Künstler in diesem Buch kann man streiten, aber Bacon gehört fraglos hierher. Diese Bilder zeigen Gesten und Fratzen eines maximalen Ergriffenseins von einem namenlosen Grauen. Mit und auch gegen Warburg gedacht: dieser Schrecken ist der blanke Schrecken. Ganz ungeschützt drückt sich das Grauen in Bacons Gestalten aus, zwingt scheinbar wie eine Macht den Maler, zu seinem eigenen Ikonoklasten zu werden. Der Maler als eigenhändiger Bildzerstörer. Das ist neu. (Ob dieser Gestus wirklich zwingend nötig ist, wird zu erörtern sein. Bacons Freund Lucian Freud, ein Enkel von Sigmund Freud, kann in seinen realistischen Porträts eine Erfahrung nachstellen, die durchaus der von Bacon verwandt ist.)

Seinen Interpreten mutet Bacon bis heute einiges zu. Und wie um den Schrecken zu mildern, den seine Bilder verbreiten, wird Bacon jeder philosophischen Mode angedient. Nahezu jedes halbwegs probate Kostüm aus dem Theoriefundus kommt zum Einsatz.

Expressionistisch gewandet sollen die Bilder sein. Betrachtet man sie nur lange genug, glaubt man tatsächlich Stilverwandtschaften zu entdecken. Aber Entscheidendes fehlt: Das Personal auf den Bildern agiert nicht, sondern brüllt. Hier kommuniziert kein Innen mit einem Außen. Hier stellt sich der Schrecken nahezu ganz nackt dar.

Auch ein anderes Mode-Label unterstreicht nicht passgenau den Charakter. Zwar wird in der Literatur (Ades 1986) häufig auf den *Existentialismus* verwiesen, weil die fensterlosen Innenräume in Sartres ›Huis Clos‹ eine atmosphärische Nähe zu den Gittergefängnissen aufweisen, in denen viele Figuren auf den Gemälden von Bacon hausen, aber andererseits tut man sich zumindest auf den ersten Blick ganz schwer, diese Bilder irgendeinem Humanismus zuzuschlagen, denn darauf hatte Sartre bekanntlich doch bestanden, dass der Existentialismus ein Humanismus sei. Nein. Die Baconschen Figuren tragen keine schwarzen Rollkragenpullis.

Ich habe hier etwas für sie, hört man den interpretierenden Konfektionär rufen: *Surrealismus*. Biographisch gibt es in der Tat viele Bezüge. Bacon war tief enttäuscht, als er 1937 von der ›International Surrealist Exhibition‹ ausgeschlossen wurde. Aber diese von ihm gewollte Zuordnung war eher zwiespältig, denn es waren vor allem Dissidenten der Surrealisten-Szene, mit denen Bacon verkehrte, Michel Leiris oder Georges Bataille etwa. Bacon malt keine Traumsequenzen, der Schrecken ist real, und seine Malweise sucht die Balance zwischen Unmittelbarkeit im Malgestus und überlegter Kontrolle.

Bleibt noch Nietzsche und der *Nihilismus*. Nietzsche ist der Allesretter in verfahrenen Zuschreibungssituationen. Wenn überhaupt, dann ist Bacon ein lebenskluger Nihilist. »Ich halte das Leben für bedeutungslos, aber solange wir leben, geben wir ihm Bedeutung. (...) Wir werden geboren und wir sterben, aber dazwischen geben wir dieser sinnlosen Existenz eine Bedeutung durch unsere Triebe.« (Zitiert nach Sylvester 1981, 133f.)

Sehr viel überzeugender ist der von Dawn Ades aufgewiesene Bezug zu den antiken Tragödiendichtern. Bacon selbst gibt einen Hinweis, wenn er die Figuren auf seinem frühen Triptychon *Drei Studien für Figuren am Fuße einer Kreuzigung* (1944, dies ist nach seiner eigenen Einschätzung das Jahr seiner spirituellen Geburt) als Eumeniden bezeichnet. In der Äschylos-Tragödie ›Die Orestie‹ verfolgen die Eumeniden den Orest, um ihn, der seine Mutter Klytämnestra aus Rache für die Ermordung seines Vaters Agamemnon tötete, zu bestrafen. Unter den Tragödiendichtern gilt Äschylos als der Dunkle, als derjenige, der den alten Dionysos-Kulten intellektuell am nächsten stand. Diese Nähe entdeckt Ades zwar, zieht daraus aber nicht die richtigen Konsequenzen: *Bacon steht für ein (dionysisches) Nachleben der Antike und genauer – nochmals mit und gegen Warburg formuliert – für ein allenfalls mildes humanisiertes Nachleben.*

Flammendes Orange, zeitweilig dominiert diese Farbe seine Palette, schlägt dem Betrachter so heftig entgegen, dass er seine Augen beinahe wie mit den Händen schützen muss. Was er dann, durch die Handgitter blinzelnd, entziffert, gibt keinen Anlass zu einer Entwarnung. Bacon choreographiert drei Figuren, die in gequälten Verdrehungen und Verbiegungen, die die Repertoires klassischer Positionen und Gesten (die mittlere Figur steht auf einer Art Sockel) ad absurdum führen, ihren rasenden Schmerz ausstellen. Entfärbte graue Gestalten, die ihre Farbe an die Fläche abgegeben haben. Gequält auch noch vom materialen Hintergrund. Man erkennt die Augenbinde auf dem mittleren Teil, erinnert eine Erschießungssituation, denkt vielleicht an *Guernica* – bleibt aber letztlich hilflos zurück, denn der Schmerz ist namenlos. Die Jahreszahl 1944 verleitet vorschnell, hier Bezüge zur Barbarei der Kriegsszenerie herzustellen. Bacon ist kein vorschneller

Semantiker; er will nicht einfach nur den Schrecken des Krieges illustrieren. Die Tragödie ist vielmehr allgegenwärtig. Treffend schreibt der Interpret Luigi Ficacci: »Den isolierten Figuren ist der Ausdruck eines rasenden, entsetzlichen Schmerzes gemein, sie sind ganz offensichtlich gleichzeitig Opfer und Zeugen einer Tragödie. Die entstellten Figuren tragen menschliche und animalische Züge. Sie sind so undurchschaubar und zweideutig, dass ihnen keine explizite Bedeutung unterstellt werden kann. Jeder Versuch, aus der Morphologie dieser Körper eine bestimmte Absicht herauslesen zu wollen, ist zum Scheitern verurteilt. (...) Dominiert wird die Malerei ausschließlich von der wilden Kraft des Ausdrucks. Was die widersprüchliche Komposition der grauen dickflüssigen Farbmasse der Körper und der anderen Farben in dem Triptychon *Drei Studien zu Figuren am Fuße einer Kreuzigung* vermittelt, ist ein gellender Schrei, unabhängig davon, was ihn ausgelöst hat und was er bedeutet. Es handelt sich sozusagen um einen ›Urschrei‹, stärker als das normale menschliche Bedürfnis, die Ursachen des ihm zugrunde liegenden Bedürfnisses herauszufinden und aus der Welt zu schaffen. Ein eher tierischer als menschlicher Schrei, und so übertrieben, dass er nichts Verständliches mehr mitteilt. Gerade durch dieses Geheimnis um den Ursprung des hervorgerufenen Gefühls und durch die nicht mögliche Zuordnung des sichtbaren Gegenstandes überwindet das Bild seinen Illustrationscharakter.« (Ficacci 2003, 13f.)

Die aufgerissenen Münder auf vielen Bildern Bacons strafen jede verzuckerte These von einer Entdämonisierung der Kultur Lü-

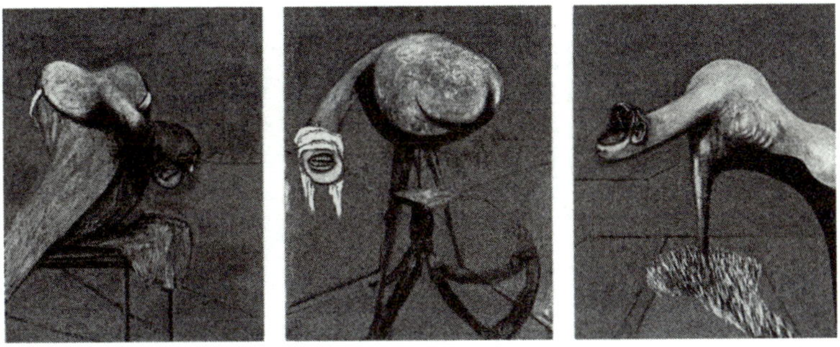

Francis Bacon, Drei Studien zu Figuren am Fuße einer Kreuzigung (1944)

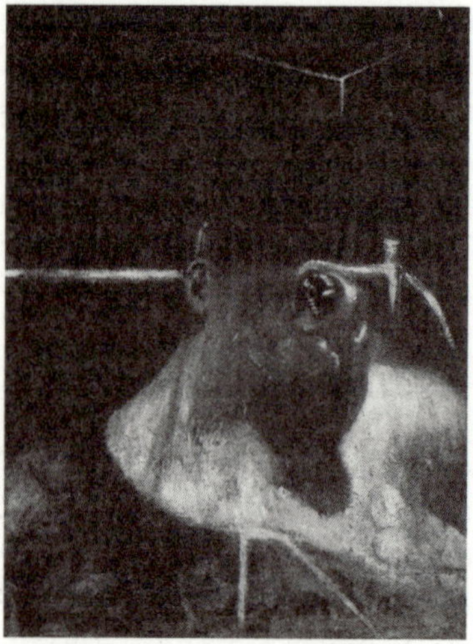

Francis Bacon, Head I (1948)

gen. Vergleiche und Patenschaften für diese Bildfindung sind oft bemüht worden: die verzweifelte Kinderfrau in Sergej Eisensteins Spielfilm ›Panzerkreuzer Potemkin‹, die »verzweifelte Mutter in Poussins ›Der Bethleheminische Kindermord‹, (...) Caravaggios ›Medusa‹« (Ades 1986, 13). Wenn die Augen Spiegel der Seele sind, dann ist der aufgerissene Mund Darstellung des Schreckens. Eine körperautonome Form der Entladung. Oft sind diese Gesichter nichts als schierer Mund. Und seltsam. Plötzlich tut sich eine tiefe Verwandtschaft zum Tier auf. Damit ist, so denke ich, keine Wertung intendiert. Damit wird auch nicht die Lesart von Franz Marc beschworen, die Tiere pflegten eine engere Beziehung zum (glücklichen) Naturzusammenhang. Bacons Lesart lautet: Im Schrecken, der überall lauert, weil die Firnis der Kultur brüchig ist, stehen Mensch und Tier eng zusammen. Die Gattungsgrenzen verwischen. Die Trennung zwischen dem monströs Archaischen und dem Menschlichen werden durchlässig. Nicht zufällig tauchen auf den Bildern immer wieder Affen auf. Mit den gleichen schreienden Mündern. Zerrbild und nächster Verwandter des Menschen. Und anders als King Kong stehen diese Affen nicht

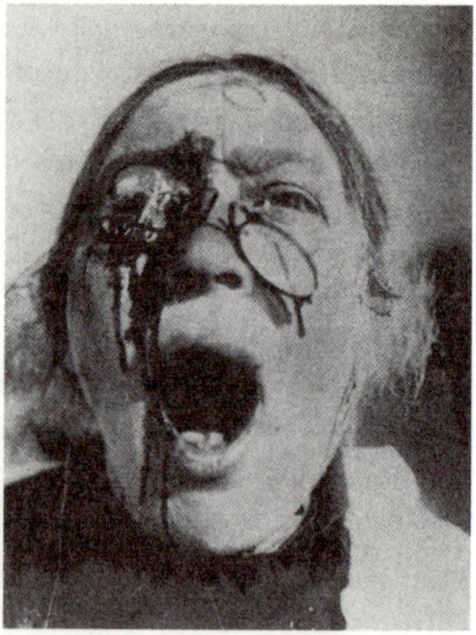

Sergej Eisenstein, Standfoto um Panzerkreuzer Potemkin (1925)

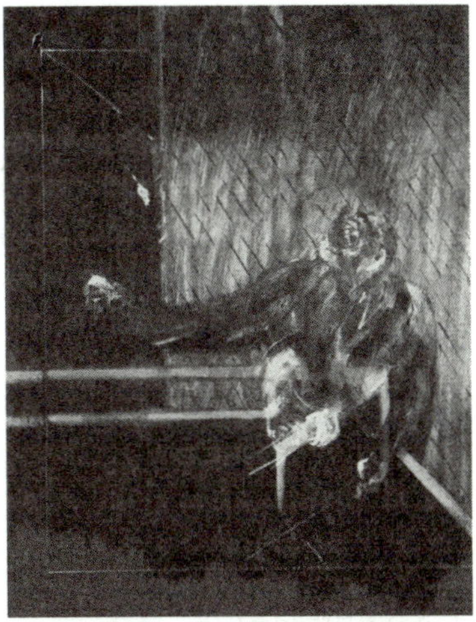

Francis Bacon, Schimpanse (1955)

für das Liebesevangelium der amerikanischen Filmindustrie. Sie sind die Widergänger des Archaischen. Stehen für das dunkle Nachleben der Antike.

Und wenn Bacon in Bildern Päpsten dieses Schreien ins Gesicht malt, dann wird auch der Stellvertreter Gottes auf Erden auf die nackte Kreatürlichkeit reduziert. Erst so wird der Papst wahrhaft zum Stellvertreter des leidenden Christus. Das Bild *Studie nach Velázquez' Porträt des Papstes Innozenz X.* von 1953 gehört zu meinen Lieblingsbildern. In der Kunstwissenschaft wird Velázquez' Porträt vielwortig als Meilenstein der Porträtkunst gefeiert. Bacon leiht sich dieses Bild und widmet es um. (Insofern ist der Titel *Studie* durchaus angemessen.) Intendierte Velázquez eine Verbindung von Menschlichem und Übermenschlichem, so verlängert Bacon diese Linie gleichsam hinterrücks nach unten, erreicht so eine erschreckende Melange von Menschlichem und Kreatürlichem. Zwar thront dieser Papst auf einem heiligen Stuhl, aber dieser Stuhl erinnert eher an einen elektrischen Stuhl, der, verschraubt (verkabelt?) mit einem undefinierbaren Hintergrund, absurd golden zu leuchten (und zu glühen) beginnt. Bacon malt einen Papst mit aus den Fugen geratenem Gesicht, mit Armen, die auf den Lehnen wie bei einer Hinrichtung festgezurrt scheinen. Und wie um den Betrachter vor dem Anblick zu schützen wird die Szenerie abgeschirmt durch vertikale Pinselstriche, die einen Vorhang andeuten und zugleich die Farbe aus dem Bild abfließen lassen. Die tradierte Körperhaltung, das ganze Ensemble ehrwürdiger Ausdrucksgesten erfährt eine Gegenlesung und verliert ihre symbolische Bedeutung. Aus den Binnenkorrespondenzen von Ausdruck und edler Seele wird eine nahezu nackte Darstellung des Grauens, nahezu, weil jede künstlerische Darstellung selbstredend eine *Form*gebung ist.

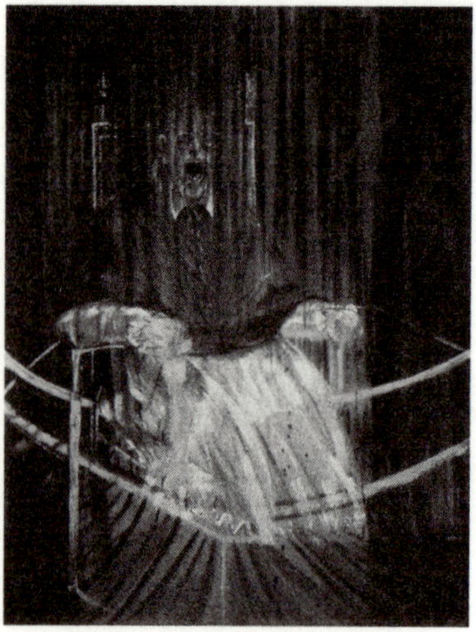

Francis Bacon, Studie nach Velázquez' Porträt des Papstes Innozenz X. (1953)

Sicher. Am Christentum als Kult ist Bacon definitiv nicht interessiert. Wohl aber an Formen (Triptychen, die es erlauben Bewegungsabläufe darzustellen) und einzelnen Symbolen (Kreuzen, Insignien der Macht, Aureolen, Papstporträts). Vielleicht ist niemals härter mit und gegen Nietzsche die Probe aufs Christentum gemacht worden. Und Bacon kommt damit der Urintention des Christentums sogar näher, als ihm vermutlich bewusst und lieb war. Das Christentum weiß um den Schrecken und die Verwundbarkeit des ganz handfest fleischlichen Menschen. Das macht auch die Nähe zu den anderen Kreaturen aus. Aber die Christentumsgeschichte war immer auch die Geschichte einer idealistischen Selbsttäuschung. Darauf (gleichsam en passant) aufmerksam zu machen, ist als Korrektiv der abendländischen Christentumsgeschichte kein kleiner Verdienst.

10.2 Materialermüdete Gesichter

Das Triptychon *Drei Figuren in einem Raum* von 1964 ist die Gegenlesung zu der Studie über die Eumeniden. Auf der rechten Tafel posiert eine männliche Figur: verwachsen mit dem Sessel, übereinander geschlagene Beine, den linken Arm über den Kopf geführt, eine aus schlechten Aktfotos und Pornodarstellungen vertraute Geste, die, ein wenig lasziv, auch dazu dient, den Busen zu straffen oder bei einem Bodybuilder die muskulös durchgearbeitete Brustpartie auszustellen. Mit gleichem Recht ist eine andere Lesart möglich. Die Geste erinnert an die von Warburg kanonisierte antike Geste der Abwehr, wie sie aus dem Orpheus-Mythos vertraut ist. Es hat den Anschein, als wären die antiken Reliefs in die Londoner Interieurs umgezogen, seien dort heimisch geworden und auf bequemere/abstrusere Sockel geklettert.

Der linke Rückenakt (erneut mit spastisch übereinander geschlagenen Beinen dargestellt) thront sprichwörtlich auf einem sehr irdischen Abort, der durch einen in Rohre gebändigten Fluss mit der Unterwelt verbunden scheint. Grell und sehr drastisch spielt Bacon mit der Metaphorik der Entleerung. Der Mensch ist Fleisch, porös, mit Öffnungen, die die Nähe mit dem Vergänglichen niemals leugnen. Hemmungslos zeigt Bacon den Menschen in intimsten Situationen, zeigt ihn in seiner Verwundbarkeit, ohne ihn bloßzustellen.

Auch die Mittelfigur, auf einem Zwischending von Thron, Liege oder Behandlungsstuhl ruhend, stellt sich gleichermaßen aus und wehrt sich verkrampft, in grotesker Haltung, gegen die Zudringlichkeit.

Verbunden werden diese von Angst geschüttelten und in Posen gezwungenen Figuren durch ein rundes, umbrabraunes Kreiselement, auf dem sie angeordnet scheinen. Fügt man die Elemente zusammen, dann erhält man eine Drehbühne. Theater also. Aber diese Drehbühne steht wahrscheinlich nicht in einem klassischen Drei-Sparten-Haus, sondern eher in einer Peep-Show in Soho. Ficacci kommt meiner Deutung entgegen, wenn er bei Bacon das Verlangen ausmacht, »den menschlichen Körper durch eine Art Nahaufnahme immer mehr als ein blutiges, deformiertes Stück Fleisch zum Ausdruck zu bringen, oder (den) Versuch, die Figuren in ihrer banalen Alltäglichkeit festzuhalten und ihnen dabei eine tragische Dimension zu verleihen, als handele es sich um die Darstellung eines archaischen Mythos. (...) Als außenstehender Beobachter der Szene ist der Betrachter nunmehr Teil eines stummen Chores, der dem Ritual der Tragödie beiwohnt.« (Ficacci 2003, 57ff.) Aber der Chor tritt heute in Schmuddelclubs und Wellness-Centern auf.

Eingeschliffene Sehhaltungen werden grundsätzlich ruiniert, einfach deshalb, weil der Betrachter keinen idealen Abstand zum Bildgegenstand findet. (Bacon selbst spielt mit der unsicheren Po-

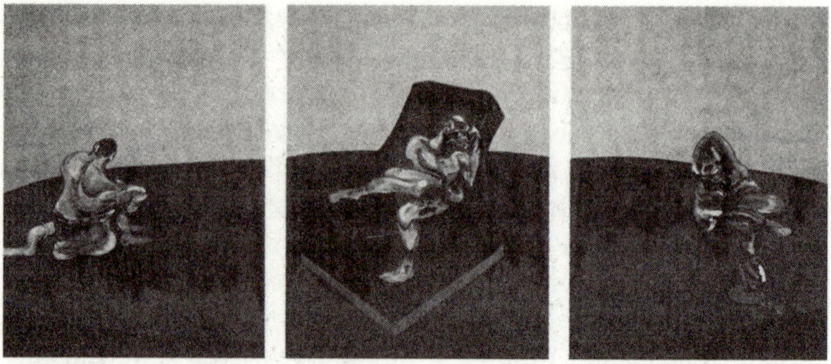

Francis Bacon, Drei Figuren in einem Raum (1964)

sition des Betrachters, indem er manchmal wie durch eine Linse oder ein Röntgengerät sein Personal betrachtet und Partien im Kunstwerk hervorhebt. Nicht selten Menschliches Allzumenschliches.) Der Betrachter ist Voyeur und wird gleichzeitig beobachtet.

Die nur zart unter der Oberfläche sitzende und den Menschen jäh überfallende Angst wird besonders sinnfällig in den vielen Porträts, die Bacon gemalt hat. Dabei ist eher unwichtig, ob Bacon die von berühmten Malern geliehene Methode der Verschränkung von en-face- und en-profil-Ansichten bemüht. Spannender ist sein Versuch, die Gesichter in drei Bildern einzufangen, von ferne an Polizeifotos erinnernd, verwackelte Polaroids, die jenseits aller Behaglichkeit mehr und anderes sagen als perfekte Porträtaufnahmen. Ähnlichkeit wird von ihm anders definiert. Zunächst als Abwehr. »Wir können sicher sein, daß Bacons Begriff von der Ähnlichkeit eines Porträts die gesellschaftliche Maske nicht mit einschließt. Seine Ablehnung dieser Maske ist aus allem zu erkennen, was er gesagt und getan hat.« (Forge 1986, 27) Darin liegt fraglos ein Motiv guter Porträtkunst, nämlich hinter die Maske zu schauen. Das kann auf ganz unterschiedliche Weise geschehen. Entweder, indem man wie der Freund Lucian Freud, bis zu einhundert Porträtsitzungen ansetzt, um hinter die Maske zu schauen, oder indem man die Gesichter aus den Fugen geraten lässt, wie von elektrischen Strömen zur Grimasse entstellt.

Es lässt sich sehr präzise beschreiben, was Bacon in seinen Porträts macht: er löst die festen Züge der Gesichter auf, überdehnt

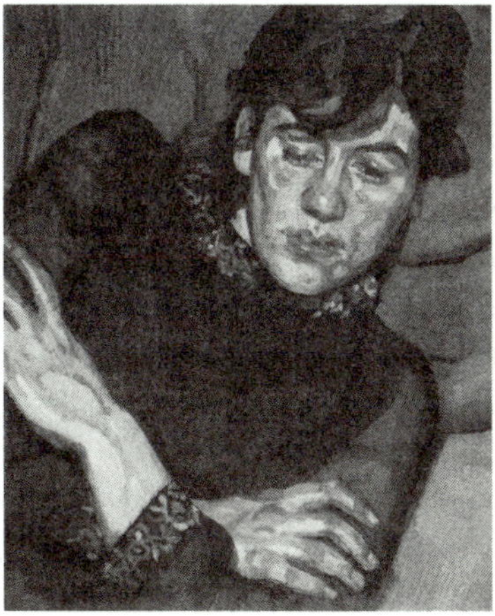

Lucian Freud, Bella (1981)

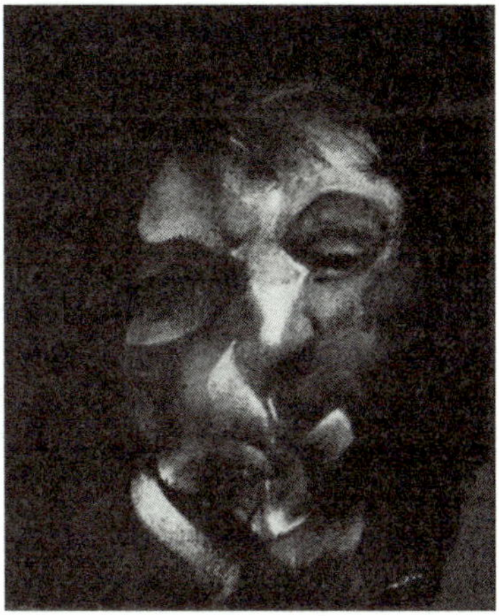

Francis Bacon, Selbstporträt (1971)

die Mimik und erreicht so, dass die Gesichter wie ein beweglicher Körper zu einem Kraftfeld und Ausdrucksfeld werden. Nicht länger gilt die eingeübte Unterscheidung in der Ausdruckskunde zwischen festen (Physiognomik) und beweglichen Zügen (Pathognomik). Auch die festen Züge des Kopfes werden beweglicher Ausdruck/Eindruck.

Auf mich wirken die Bilder, als habe Bacon das Idealporträt von Dürer zum Vorbild genommen und wolle jetzt demonstrieren, wie weit man gehen kann, um die dionysische Gegenlesung zu machen. Man kann offensichtlich sehr weit gehen. Symmetrien werden aufgelöst, Proportionen ad absurdum geführt, Augen werden unterschiedlich groß dargestellt, die Nasen werden absurd verdreht, die Münder scheinen vernäht, Farbe wächst vom Hintergrund in die Gesichter wie Ausrufezeichen, Haarlocken verkrusten zu Gesichtszügen, alles entgleist, gerät aus dem Lot, Augen gleiten aus dem Bild, starren einäugig wie ein Zyklop den Betrachter an oder schlagen die Augen nieder, um sich dem Anblick zu entziehen. Und manchmal liegt ein Hauch über diesen Gesichtern, wie ein leichter Gazeschleier, der das verwundete Fleisch zusammen hält. Man glaubt ein gutturales Stöhnen zu vernehmen. Zumindest einen langen Seufzer.

Manche dieser Porträts verbleiben in der Schwebe der schaudernden Anziehung, etwa so, wie man früher ausgestellten menschlichen Jahrmarktsattraktionen begegnete. Andere Porträts erzeugen eine Präsenz, der man sich in ihrer Verwundbarkeit nicht entziehen kann. Exemplarisch in dem *Selbstporträt* von 1971. Bacon ist ein Maler ohne Hornhaut. Das macht ihn so anziehend.

»Der Eindruck unfreiwilliger Einfühlung, dem man sich bei der Betrachtung von Bacons Köpfen nicht entziehen kann, ist bei den Selbstbildnissen noch verstärkt, aber auf sich selbst zurückgenommen: Die durch die Veränderung der Gesichtszüge implizierten Bewegungen wirken nach und nach wie die Bewegung von Gemütszuständen, die sich körperlich äußern. In einem Selbstbildnis aus dem Jahre 1971 sind die Augen zwar niedergeschlagen, aber gerade noch geöffnet. In ihrer sinnlichen Schwere vermögen sie die Hingabe an Schmerz oder Erschöpfung zum Ausdruck zu bringen. Es ist das einzig mir bekannte Bildnis, bei dem sich Verzerrung wie wirklich erlittene Gewalt ›fühlen‹ läßt.« (Forge 1986, 30. Es hält sich das hartnäckige Gerücht, Bertolucci habe Marlon Brando anlässlich der Filmaufnahmen von »Der letzte Tango von Paris« genötigt, in eine Ausstellung mit Gemälden Bacons im Pariser Grand Palais zu gehen, um dort den Ausdruck von Menschen zu studieren, die von etwas Innerem verzehrt werden. Im Vorspann des Filmes sind in der Tat prominente Werke von Bacon zu sehen.)

Für mich hat dieses Antlitz eine tiefe Verwandtschaft mit den späten Jesus-Bildern von Rembrandt, die in ihrer Verwundbarkeit und erlittenen Gewalt einen Schrei gegen jede Form der Gewalt aus sich entlassen. Und dieses Porträt kommuniziert unterschwellig auch mit den Porträts von Lucian Freud. Auch Freud will hinter die Maske schauen. Im Unterschied zu Bacon ist er der geduldige Porträtist, einer, der warten kann, bis ein Gesicht seine Masken fallen lässt, bis das Innen ganz Außen ist. Auch dann zeigen sich Gesichter, die Gewalt erlitten haben.

Was Ficacci für Bacon festhält, trifft auch für Freud zu, »dass das Kunstwerk (...) einen Schnittpunkt darstellt zwischen der Welt des äußeren Seins und der Innenwelt einer Person. Keine moderne Wissenschaft und keine andere Disziplin kann die Wirklichkeit in ihrem innersten Sein erfassen und schon gar nicht beherrschen. Nur das Kunstwerk, das das existentielle Unbehagen eines Individuums als psychisches Trauma ins Bild setzt, erlaubt es, die subjektive Welt wirklich werden zu lassen.« (Ficacci 2003, 78)

10.3 Kleiner Ertrag

Die Bilder Bacons lassen sich deuten, so habe ich versucht zu zeigen, als deutliche Entzauberung der Warburgschen Lesekunst. Diese Entzauberung stand länger bereits an, wird aber vor allem bei Bacon auf einen Blick sichtbar. Nicht ist die archaische Gewalt überwunden, und nicht hat die Entdämonisierung riesige Fortschritte gemacht. Die archaische Antike hat überlebt – nicht nur als ironische Zitat in der Werbung, sie hat sich vielmehr ins Innere des Subjekts verlagert.

Und doch. Immer wieder rufen diese Bilder den Impuls wach, den anderen Menschen von seinen Ängsten zu erlösen und vor diesem Grauen zu schützen. Auch wenn Bacons Bilder diese Geste vielleicht nicht intendieren, so springt doch häufig die Geste der Abwehr den Bildern gegenüber in die Geste der Tröstung um. Eine Pietà-Haltung kann aus dem Umgang mit diesen Gemälden – vor allem den Porträts – leicht entstehen. Ein zarter Humanismus ist dem Furor der Bilder letztlich doch eingezeichnet.

Nochmals: Über die Bande kommunizieren diese Porträts mit den späten *Porträts nach dem Leben* von Rembrandt.

Sie haben sich viel zu sagen.

11. Bewegte Gesten

11.1 Wiener Melange

Hermann Nitsch (*1938) ist das *Enfant terrible* der Wiener Kunstszene. Musste er zu Beginn seiner stürmischen Karriere noch mit Anzeigen und Gefängnisstrafen wegen Erregung öffentlichen Ärgernisses rechnen, wurde ihm im Jahr 2005 die Ehre zuteil, im Wiener Burgtheater zu gastieren. (Ganz nebenbei erhielt er auch noch den höchsten Österreichischen Kunstpreis.) Seine Aktionen auf Schloss Prinzendorf – entwickelt aus Entwürfen für ein opulentes Drama – sind Legende. Hermann Nitsch selbst spricht vom ›Orgien Mysterien Theater‹ (www.nitsch.org). Das lässt aufhorchen, weil offensichtlich hier der Anschluss an archaische Kulte gesucht wird.

Der Kunsthistoriker Werner Hofmann pointiert zunächst aber mit guten Argumenten einen sehr unmittelbaren Anschluss an eine katholische Handlungsästhetik. »In dem Maße, in dem die Gesten ›direkter Kunst‹ die Finalität eines in sich abgeschlossenen Objektes (eines Kunstwerks) verwerfen, lehnen sie auch die Distanzhaltung des ›interesselosen Wohlgefallens‹ ab. Die Aktionisten rechnen ihre Kunst nicht zu den ›Adiaphora‹. Folgerichtig halten sie sich in der Handlungsästhetik der katholischen Tradition auf, welche den Empfänger überwältigen will und vom Kunstwerk *eine tröstliche oder festliche Botschaft* (Hervorhebung von mir, K.H.), eine Heilsoffenbarung erwartet. Der Künstler soll erwecken, reinigen und die Kommunikation mit den Glaubensdogmen herstellen. Die Aktionisten stehen (...) in der Tradition des Katholizismus und seiner liturgischen Vermittlungsformen, welche freilich, das ist einzuräumen, oft in häretischer Persiflage unkenntlich gemacht, aber auch bereichert und im wahrsten Sinne des Wortes radikalisiert werden. Wie jeder Protest will auch dieser zu den Ursprüngen zurück, und was aus orthodoxer Sicht wie Entstellung aussieht, kann auch als Rückgriff auf elementare, noch nicht kodifizierte Glaubenshaltungen aufgefasst werden. Auch hier gilt das

Wort von Flaubert, der Sadismus sei das letzte Wort des Katholizismus.« (Hofmann 1983, 645) Und die bei Hofmann sich daran anschließende Ohrfeige für den Protestantismus ist es wert, vollständig zitiert zu werden. »Indem die protestantische Kirche sich für den Wortgottesdienst entscheidet, nimmt sie der Zusammenkunft der kirchlichen Gemeinde den sakramentalen Ereignischarakter. Predigt, Gebet und Gesang sind verbal-abstrakte Kommunikationsmittel, die keine symbolhaft-magische Partizipation bewirken. Hingegen bewahrt die katholische Liturgie den Ereignis- und Vollzugscharakter der Messe und stützt ihn mit weiteren ›Aktionen‹ ab: mit Umzügen, Prozessionen und Wallfahrten. Man könnte sagen, die Wandlung des Gläubigen ereigne sich auf der physischen Ebene von konkret anschaubaren und vollziehbaren Handlungen – nicht in der abstrakten Dimension des Wortes, die zu Reflexion und Bekenntnis aufruft. Sakramente und Opferhandlungen, das Anzünden von Kerzen, das Berühren und Küssen von Gnadenbildern, das Verteilen von Almosen – in diesem sinnlichen Spannungsfeld von Tätigkeiten, die ausgeübt und empfangen werden, spielt sich auch die ›direkte Kunst‹ der Aktionisten ab. Körper und Materie werden zu Schau- und Ereignisorten der Berührungsmagie.« (645)

Hofmann unterschätzt fraglos die dramaturgischen Qualitäten protestantischer Liturgie (Huizing 2004), richtig aber ist, dass die Sinnlichkeit im katholischen Kontext sehr viel unmittelbarer zum Einsatz kommt und direktere Übersetzungsmöglichkeiten bietet. Diese Möglichkeiten schöpft Nitsch konsequent aus und legt unterirdisch weiterlaufende Traditionsströme frei, wenn er sich mit Blut und Eingeweiden besudeln lässt und seine Aktionen zum bacchantischen Taumel ausweitet.

11.2 Gefühlte Religion

Den Teilnehmern an den zumeist sechs Tage dauernden Aktionen (vgl. Balkon band 9/98) wird einiges zugemutet, bis am letzten Tag ein rauschendes Fest die Aktionsarbeit krönt. Ich zitiere aus der ›Gesamtkonzeption des 6-tage-spiels des o.m.theaters‹:

»nachts aufstehen und aus dem weit geöffneten Fenster sehen. die kühle nachtluft wird eingesogen. schauen auf den weiten Sternenhimmel. das schlafwarme gesicht wird in der kühlen sommernachtluft gebadet. für alle in den orden eintretenden werden in der nähe von prinzendorf kleine ebenerdige häuser (genau nach dem muster wie dies vor hundert jahren geschah) gebaut. (....) das EUCHARISTISCHE OPFER wird zur speise meditation (transsubstantiation) AUFERSTEHUNG = (mysterium) weltverwandlung der geschmack von brot und wein vermischt sich mit dem anschauen (mit der visuellen registration) ANSCHAUUNG von kornfeldern und weingärten.« (zitiert nach Spera 1999, 43)

Die Regie der sechstägigen Feier verläuft nach ›ordensregeln‹: »**1. Tag**. Einführung aller aktionen. Mitwirkung der zuschauer. Demonstration und einschulung von schrei- und lärmaktionen. Aktionen mit objekten und flüssigkeiten. Tastaktionen. Registration von geruchs- und geschmacksempfindungen. (...) Aktionen mit menschlichen körpern, geschlechtsteilenthüllungen. Aktionern mit fleisch und geschlachteten tieren. (...) Finale des 1. tages ist eine große abreaktionsaktion im schlachthaus. **2. Tag** Die aktionen paraphrasieren schöpfungsmythen und mythen über erbsünde und sündenfall. (...) **3. Tag** DYONISOS-lithurgie. Aktivierung des dionysischen (triebdurchbruch). (...) Dionysische aufwallung = abreaktion. Dionysos = abreaktionsgott. große orgiastische aktion im schlachthaus (...) Geschlachtete abgehäutete rinder werden auf betten ausgeweidet, zerrissen und mit blut beschüttet. Mit puder bestäubte teerosen werden in die aufgerissenen tierkadaver gestopft. Die zuschauer wälzen sich schreiend auf den gedärmen, auf dem fleisch und in den blutlachen. Sie trampeln auf den blutigen gedärmen herum. geschrei des chores lärm des orchesters geschrei und getrampel der zuschauer DIONYSOS = krieg (...) **4. Tag** Parodistisches variieren hellenistischer mysterienkulte (...) **5. Tag** Variation eines katholischen gottesdienstes. Die messe verwandelt sich während der eucharistie in ein orgiastisches abreaktionsfest. Exzessivste aktionen mit tierkadavern, steigerung der schlussaktion vom 3. tag. Äußester lärm. Höhepunkt des spiels, gezüchteter triebdurchbruch, weitgehendste abreaktion der zuschauer. Bewusstmachung verdrängter bereiche. **6. Tag** Volksfest Liturgische zusammenfassung aller aktionen. Essentielle wiederholung verschiedener aktionen. Währenddessen prozessionen anderer zuschauer im freien. (...) Gleichnishaft abgeschlossener individuationsprozeß, selbstfindung, seinsmystik.« (Spera 1999, 44f.)

Schaut man auf die Inszenierungen, dann entdeckt man vielspältige Vernetzungen. Auffällig ist das geschlachtete Tier im Hintergrund, das als Blutspender für die Aktion dient. Im malerischen Gedächtnis ist dieses Element vorgeprägt durch Rembrandt. Der *Geschlachtete Ochse* von 1655 dient vielen Malern der Moderne als Übersetzungshilfe, will man archaische Elemente ins Bild der Gegenwart retten. Francis Bacon ist ein prominentes Beispiel. In vielen seiner Bilder taucht der Rembrandtsche Ochse auf, um den

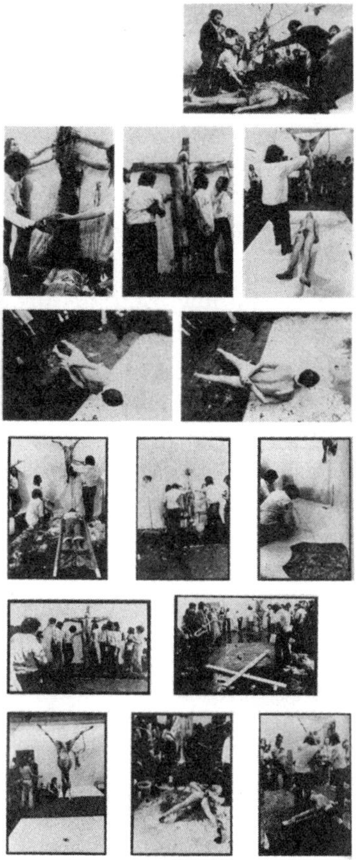

Hermann Nitsch, Sechzehn Photographien der 45. Aktion (Neapel 1974)

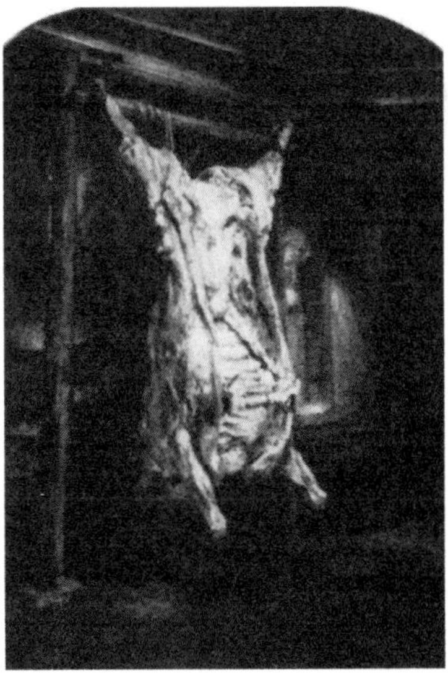

Rembrandt, Geschlachteter Ochse (1655)

Bedeutungshof von Gewalt und Opfer hochzuziehen. In Batailles Beiträgen zum ›Kritischen Wörterbuch‹ steht prompt unter dem Stichwort ›Abattoir‹ (Schlachthof): »Der Schlachthof entwickelte sich aus der Religion, insofern als der Tempel in vergangenen Epochen eine Doppelfunktion ausübte, als Stätte des Gebets und des Tötens. Hieraus ergab sich eine beunruhigende Koinzidenz mythologischer Mysterien und der traurigen Großartigkeit von Orten, an denen Blut fließt.« (Zitiert nach Ades 1986, 18)

Überhaupt sind die Aktionen von Nitsch und anderen Künstlern der Wiener Aktions-Avantgarde gesättigt mit mühsam ausradierten Erinnerungsspuren aus der jüdisch-christlichen Überlieferungsgeschichte (vgl. hierzu Hofmann 1983, 646f.): Wenn sich in den Aktionen die Teilnehmer selbst beschmutzten, dann wird einer frühchristlichen Erinnerungsspur nachgegangen, in der Sekten Sperma oder Menstruationsblut einnahmen oder sich damit bestrichen. Schmutz, so die mitgeschleifte Überzeugung, reinigt und erlöst. Wenn in einer anderen Aktion ›Impudenz im Grunewald‹ (1969) Teilnehmer ihre Geschlechtsteile von Kriechtieren heimsuchen ließen, spielte diese Aktion auf eine mittelalterliche ›Aktion‹ an, wenn nämlich Frau Welt ihr zerfressendes Hinterteil den Zuschauern zur Abschreckung präsentierte. Tauchen in den Aktionen blutdurchtränkte Priestergewänder auf, dann können sie Hinweis sein entweder auf eine erlittene Tortur des Priesters, oder sie kommentieren hintersinnig blasphemische Ausschreitungen in den Bilderkriegen des 16. Jahrhunderts, wenn der Mob Reliquien, Priestergewänder oder Hostien mit Blut befleckte, oder diese blutdurchtränkten Priestergewänder fungieren schließlich als symbolische Erinnerung an eine tradierte Legende (die auf Jesaja 63,3 verweist), in der berichtete wird, der leidende Christus sei in einer Weinkelter gequält worden.

Hofmann verortet mit gutem Sinn Nitsch im Wort-Bild-Konflikt der Alten Kirche: »Was geschehen soll, wird zwar oft in peniblen, langatmigen Regieanweisungen festgelegt, aber die Aktion selbst beschränkt sich auf ›*sakramentale Gesten*‹ (Hervorhebung von mir, K.H.). Der Diskurs wird bestenfalls zynisch als ein Instrument der zusätzlichen Verwirrung genutzt. In dieser Welt des Handelns und Misshandelns steht die Tat nicht nur am Anfang:

gegenüber der Tat hat das Wort kein Einspruchsrecht. Genauer: die sinnliche Unmittelbarkeit der ›lebenden Bilder‹ soll ja verdeutlichen, daß sie überzeugungsmächtiger ist als die abstrakte Wort-Kultur. Auch hier greifen die Aktionisten den Wort-Bild-Konflikt auf und entscheiden ihn im Sinne der Alten Kirche.« (646f.)

Weil die Bilder triumphieren, sind die Aktionen bedeutungsexplosiv. Das gilt auch für Nitsch. Einerseits deutet Nitsch seinen fünften Tag der Kunstaktionen wie gesehen als »Variation eines katholischen Gottesdienstes«, schränkt diese Zuordnung allerdings postwendend ein: »Das aufgreifen der form läßt ein ästhetisches lebensritual entstehen, welches uns intensiver in unsere Möglichkeiten stellt. kunst kann als eine art religionsersatz fungieren, als ästhetische lebensliturgie, als kult, ohne kult zu sein.« (Nitsch 1969, 309, 332; inzwischen in überarbeiteter und mächtig angewachsenen Form erschienen, 1995.) Mit gleichem Recht bietet sich eine andere Lesart an. Nitsch favorisiert eine – nicht ganz originelle, bereits von Hölderlin unters Volk gebrachte – Synopse: Christus/Dionysos ist sein wahrer Held. (Auch andere Götter sind willkommen.) Nitsch sakralisiert die Kunst und steigt, das schafft nur ein Wiener, in seinen ›Opferersatzhandlungen‹ zum Heiland der ganzen abendländischen Religionsgeschichte auf, er ist ein eklektischer Messias, der die Menschen – natürlich! – befreien will: »Ich nehme durch meine Kunstproduktion (Form der Seinsmystik) das scheinbar Negative, Unappetitliche, Perverse, Obszöne, die Brunst und die daraus resultierende Opfer-Hysterie auf mich, damit Ihr Euch den befleckten, schamlosen Abstieg ins Extrem erspart (...). Ich will

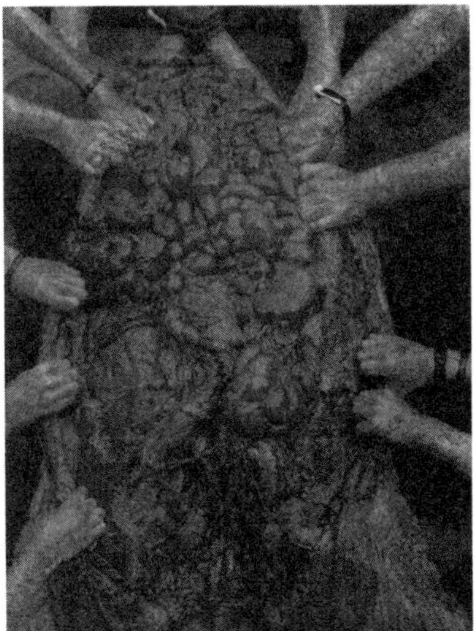

Hermann Nitsch, Aus einer Kunstaktion

die Menschheit vom Animalischen befreien.« (Zitiert nach Schmied 2005, 18)

In seinem Text ›die entwicklung meiner malerei‹ schreibt er: »meine frühesten und frühen bilder beschäftigten sich mit den farben des ganzen skalenbereiches. durch die entwicklung meiner malerei zur aktion bekam die farbe eine andere aufgabe. sie wurde des vielfachen klanges enthoben, sie wurde als substanz verbraucht, sie wurde zu blut und schleim. die farbe von fleisch, blut und eingeweiden wurde wesentlich. die tonart rot dominierte, monochrome archaits entstanden. alles wurde auf die farbe der ekstase, des opfers, der schlachtung, der passion, des blutes, des fleisches ausgerichtet. die farbe, die das blut und fleisch des gottes trägt, wurde permanent zelebriert. als roter konsekrierter wein wurde sie als blut gottes getrunken. substanzen, die nahrung bedeuten, deren einverleibung den stoffwechsel bedingen, wurden und werden bei meinen aktionen verwendet. die farbe der aggression des todes, des exzesses, ist gleichzeitig auch die farbe intensivsten lebens. blut ist lebensaft. die tiefe des todes trägt den keim der wiedergeburt in sich. vieles an meiner arbeit ist realisiert. der ausbruch aus der norm, der fast opferhafte (sic!) exhibitionistische abstieg, jenseits der schambereiche in den tabulosen raum, in den überpersönlichen, dionysischen welteneros, in das dunkel chaotischer kraftgründe, wurde oft vollzogen.« (Quelle: www.nitsch.org)

Es ist eine eigentümliche Wiener Melange mit einem kräftigen Schuss Nietzsche, die hier präsentiert wird, changierend zwischen quasireligiösem Ernst und intellektuellem Scherz. Offensichtlich haben seine frühen Erfahrungen in Prinzendorf dieser ästhetischen Gestalt vorgearbeitet. »Auch der Katholizismus (...) hatte etwas Heiteres, Ländliches, liebenswürdig Heidnisches. Die Symbole des Christlichen wurden von den Gläubigen unabsichtlich auf eine der Pop Art nahe stehende Weise ironisiert (...). Triebhaftes und Unzulängliches rankte sich um die Ausübung der Rituale und Kultakte (...). Ein mystisches Weltbegreifen schien irgendwie in Ordnung zu sein.« (Zitiert nach Schmied 2005, 12)

Mir verstocktem Protestanten bleibt dieser ganz spezielle Ehrgeiz einer blutigen unio mystica (oder soll man sagen: katholischen Form von Romantik?) oder einer sinnlichen imitatio christi letztlich – bei aller Ironie – etwas fremd. Diese in Prinzendorf zelebrierten sakramentalen Gesten sind vielleicht doch zu reflektionsscheu.

Extrem spannend finde ich diese Aktionskunst aber, weil sich hier Erfahrungen von Vergemeinschaftung einstellen. Nitsch-Jünger, Nitsch-Apostel, Nitsch-Evangelisten findet man in Österreich reichlich. Es gibt tatsächlich so etwas wie eine Nitsch-Gemeinde. Danielle Spera – die erste Apostolin von Nitsch – hat in ihrer Biographie ›Leben und Arbeit‹ (2005) und Erika und Wieland Schmied (2005) haben in ihrem Photoband die Anziehungskraft dieses Kraftgenies und Salvators deutlich machen können. Allen Vorurteilen, mit denen man der Kunst von Nitsch begegnet, sie sei blutrünstig, blasphemisch oder pornographisch, wird entschieden und im Stil einer Hagiographie widersprochen: Immer »traf man einen Menschen, der in seinem Wesen bestimmt war vom Streben nach Ausgleich und Verständnis, im Umgang mit anderen liebenswert und rücksichtsvoll, im Gespräch vielseitig interessiert und immer bereit, dem anderen zuzuhören. Das ist einer, der die Kommunikation sucht, der allen Problemen auf den Grund gehen will, und man meint, in ihm den geborenen Lehrer zu entdecken. Er sei der ideale Lehrer, konnte man von seinen Kollegen und Studenten an der Frankfurter Städelschule hören. Nur wenige Professoren an der Salzburger Sommerakademie waren so erfolgreich und wurden von den Studierenden so geliebt und verehrt wie Hermann Nitsch. In seiner äußeren Erscheinung, vor allem wenn er die langen weißen Malkittel oder Malerhemden übergestreift hat, erinnert er mit seinem dunklen (inzwischen weiß gewordenen) Bart und der kräftigen, gedrungenen Gestalt ein wenig an Gustav Klimt, wie wir ihn von alten Aufnahmen aus dem Garten vor seinem Josefstädter Atelier kennen. Mit Klimt verbindet Nitsch die Liebe zum Gesamtkunstwerk und die Bejahung des Lebens. Auch Klimt liebte Tiere, und wie zärtlich trug er eine Katze im Arm. Daran denkt man, wenn man Hermann Nitsch in den Räumen seines Schlosses mit seinen Hunden spielen sieht oder wenn man ihn im Schlosshof mit den Gänsen oder Pfauen beobachtet – manchmal könnte man meinen, den heiligen Franziskus bei seiner Vogelpredigt zu belauschen.« (Schmied 2005, 8f.)

Diese Auskünfte müssten ergänzt werden um qualitative Interviews mit Beteiligten. Wie stabil ist diese Vergemeinschaftung, die in den Aktionen erreicht wird? Der orgiastische Taumel, der sich im lebensbejahenden Fest am 6. Tag Bahn bricht, stiftet einen vorübergehenden Kitt. »Erst der Trunkende findet zur letzten Steigerung des Lebensfestes, der All-Umarmung.« (Schmied 2005, 19) Und der Kater danach? Und ist es wirklich zutreffend, wenn Schmied behauptet: »So ist das Glücksempfinden, in das jedes Fest zu münden bestimmt ist, nur über das, was wir Opfer – oder Opferersatzhandlung – nennen, erreichbar« (Schmied 2005, 18)? Und wird die Gemeinschaft auch noch als Gemeinde aktiv sein, wenn der charismatische Prediger nicht mehr auf der Welt wandelt?

Zwanzig Jahre nach dem Tod von Beuys, dem zweiten großen Meister der Aktionskunst des 20. Jahrhunderts, ist es um die Beuys-Gemeinde jedenfalls merklich still geworden. (Diese Frage untersucht in ihrer in Kürze erscheinenden Dissertation über Josef Beuys Ulrike Karl; vgl. Holger Liebs in der SZ vom 21./22. Januar 2006)

11.3 Kleiner Ertrag

Ob Bilder wilde oder gezähmte Energien speichern und somit *handeln*, war eine entscheidende Frage in meinem Essay. Ob die Bilder vielleicht auch eine Gemeinschaftserfahrung stiften und damit die Fragmentarität, Vereinzelung und Entfremdung menschlicher Existenz zu überwinden helfen oder ob die den Bildern zugeschanzte Aufgabe zu erlösen eine Überforderung darstelle, diese Fragen waren nicht nur mitlaufende Fragen, sondern sie wurden im Laufe des Essays immer drängender.

Zumindest die erste Frage, die gleichsam die Bedingung der Möglichkeit für die Beantwortung des anschließenden Fragekranzes ist, ließ sich mit einem entschiedenen ›ja‹ beantworten. Die durch die Maler der Renaissance vollzogene Umwidmung antiker Gesten maximaler Betroffenheit zielten auf eine Einleibung dieser Gesten beim Betrachter. Bei Rembrandt konnte man studieren, wie er aus der Spannung zwischen gewollter vitaler Geschichtserzählung und festgefrorenem Bild im Rückgang auf sinnende Gesten einen Spielraum erschloss, den auch der Zuschauer im Dialog mit dem Bild ausfüllen kann. Bei Friedrich und Marc dienten Rückenfiguren als ideale Identifikationsflächen, um an den Erfahrungen der Protagonisten teilzunehmen. Mondrians dynamische Farbfelder machten die Handlungen der Bilder sinnlich spürbar. Selbst bei Bacon war die inszenierte Geste der Abkehr (oder der Zukehr?) eine Handlung am Betrachter. Und Performances (vgl. Mersch 2002, Fischer-Lichte 2004) erlauben schließlich dem Zuschauer, selbst aktiv zu werden.

Schwieriger zu entscheiden sind die Fragen, ob diese handelnden Bilder zu einer Erlösung führen und damit auch zu einer (glückenden) Gemeinschaftserfahrung. Zunächst: Der Anspruch auf Erlösung, den viele Künstler im Rekurs auf ihre Bilder erheben, ist auf den ersten Blick nicht selbstverständlich. Der Befund hat mich in seiner Deutlichkeit eher überrascht. Nachdem die Kunst autonom wurde, also aus der Magdrolle der Kirche und Theologie gegenüber ausgestiegen ist, haben die religiös musikalischen Maler häufig sich selbst gekrönt oder ihre Bilder in die Rolle des Erlösers eingesetzt. Spätestens hier rücken die ästhetische und die religiöse Erfahrung (vgl. Herrmann, Mertin, Valtink 1998; Huizing 2000-2004) hauteng zusammen. Ästhetische und religiöse Erfahrungen berühren sich, wenn die Lebensbewegtheit in dramatischen Gesten zur Darstellung *und* zu einem guten Abschluss – dem Leben auf Augenhöhe – kommt (Huizing 2004). Nur zu verständlich, wenn Menschen, die eine ästhetische Erfahrung gemacht haben, die religiös imprägniert ist, immer sich auch an den Personen orientieren, die diese Erfahrung in ihren Bildern oder Aktionen sinnfällig mach(t)en. Religiöse Erfahrung zielt auf Gemeinschaft. Gemälde aber können diese Gemeinschaft nur anmahnen, die Kunst der Performance macht sie zumindest kurzzeitig erlebbar. Ablesbar wird die Prägekraft der ästhetisch/religiösen Erfahrung natürlich erst an der längeren Wirkungsgeschichte. Ein lohnendes Forschungsprojekt wäre es zu erfragen, wie stabil die Gemeindebildung etwa bei den zwei großen Heroen der Aktionskunst wie Hermann Nitsch oder Josef Beuys ist.

12. Schluss: Elementargesten des Christentums

Ich habe mir auf meinem Schreibtisch einen kleinen protestantischen Hausaltar eingerichtet. In der Auswahl bin ich ganz entschieden und ganz streng. Keines der Dinge darf Rad schlagen und sich wie ein Pfau spreizen. Ich kann sie alle in einer Armbeuge versammeln. Eine graziöse Ballerina, nicht größer als der kleine Finger, die, durch einen dunklen Magnetismus in Schwung gebracht, zu tanzen beginnt, wenn sich ihr ein kleiner Spiegel nähert. Sie blickt (verstohlen? sehnsüchtig?) auf zierliche rote Pumps, die ich in einer Puppenstubenspezialhandlung in den Hamburger Alsterpassagen erstanden habe. Sie zwingen jeden Morgen meine Augen zu wachsen. Das Säckchen mit den kolumbianischen Sorgenpüppchen habe ich mehrfach entfernt, es ist inzwischen auf jedem drittklassigen Weihnachtsmarkt zu haben, und dieser glühweinselige Ort setzt der Aura eines Dinges doch merklich zu. Daneben liegt ein Liliput-Wörterbuch, aus reiner Dankbarkeit, weil es im Holozän meiner Biographie die Lateinklausuren mit einem freundlichen Ergebnis ausstattete. Ein Spielzeugauto von Schuco (Matchbox war mir schon als Kind verhasst), bildet die Mitte, ein alter VW-Bus, den ich lange fuhr, mit dem melancholischen Ingrimm des zu spät Geborenen, zu spät für Flower-Power und die 68er Hüft-Revolte. Und. Ja. Neuerdings steht eine Postkarte dort. Mit den betenden Händen von Dürer. Nur eine Kunstpostkarte, nicht etwa in Kupfer getrieben, aber doch sehr präsent. Inzwischen glaube ich wieder, dass auf der Studie Mädchenhände abgebildet sind. Ich vermute irgendeinen Trick bei Dürer. Und der funktioniert. Jeden Tag. Wenn ich diese Geste anschaue, mitunter lange anschaue, dann werde ich ganz leer, dann macht sich ein träges Behagen breit, wie eine warme Decke der Zufriedenheit, den kein Steh-Empfang und kein Fest, allenfalls noch die Gegenwart einer lesenden Frau mir bietet.

Dürer also.

Theologische Noten zur Malerei habe ich in der Einleitung versprochen. Mehr kann man von einem Protestanten nicht verlangen – und viel mehr darf man von einem Protestanten auch nicht erwarten. Untersucht habe ich Klassiker der Kunstgeschichte, die sich dezidiert mit der Christentumsgeschichte auseinandergesetzt haben. Viele Maler fehlen: Van Gogh (vgl. Rohls 2006) Beckmann, Dix (Schneider 2006), Jawlensky, Kollwitz (Fritsch 2006), Ensor, Rothko, Richter (Mädler 2006) etwa. Ein erster Schritt also. Mehr nicht.

Die These: *Die Kultur des Christentums ist eine Kultur der Entängstigung und Affektbindung*, wurde im Fortgang des Essays hoffentlich handfest. Christentum als Fest der Hände. Warburgs Intuition, die Gesten der maximalen Ergriffenheit, denen spürbar Gewalt innewohnt, seien in der Malerei der Renaissance gleichsam auf einen Schlag umgewidmet und humanisiert worden, hat an Charme nichts verloren. Sicher: Die erstaunliche Naivität Warburgs, sein spröder Optimismus, die Kultur befinde sich in einem Prozess der stetigen – wenn auch nicht linearen – Entdämonisierung, hat sich als ebensolche Naivität erwiesen. Der Schrecken kehrt in den Bildern Francis Bacons zurück, laut, manchmal über alle Maßen laut, und es bedurfte einer weit ausholenden Anstrengung, um den Schrecken ins (und im) Bild zu bannen. Das ist Francis Bacons großartige Leistung.

Sichtbar wurde die Entängstigungskultur des Christentums auf drei großen gestischen Feldern:

- Am sinnfälligsten wird die Entängstigungskultur in den diakonischen, also heilenden, helfenden, tröstenden (vielleicht auch in den milde triumphierenden) Gesten. In diesen Gesten zeigte sich die neue Gerechtigkeit, fand das tatkräftige Liebesevangelium des Jesus von Nazaret Gestalt.
- Gleichberechtigt gehört ein anderes Gestenensemble hinzu. Ich meine die Gesten der Freundschaft, denen immer auch ein erotisches Element eingeschrieben ist. Caspar David Friedrich und die Nazarener haben diese Gesten ins Gedächtnis eingespeist. Diese Gesten versinnbildlichen die elementare Rede Jesu vom Reiche Gottes: *Man lebt auf Augenhöhe.* Einfacher kann man es nicht sagen. Jeder einzelne Mensch in seiner Körperlichkeit

und Verwundbarkeit ist unendlich viel wert und deshalb soll er auf Augenhöhe mit den anderen Menschen leben.

- Ein drittes Gestenensemble schließlich: Die Gesten der Andacht, der Besinnung, des Gesprächs. Bei Dürer (*Der zwölfjährige Jesus unter den Schriftgelehrten*), bei Rembrandt (*Der Apostel Paulus im Gefängnis*), bei den Nazarenern (Ellenrieder: *Die drei Jungfrauen*) waren sie Gegenstand der Darstellung. Das Christentum ist eine verstehende, eine hermeneutische Religion. Auch das ästhetische Erleben will schließlich verstanden werden.

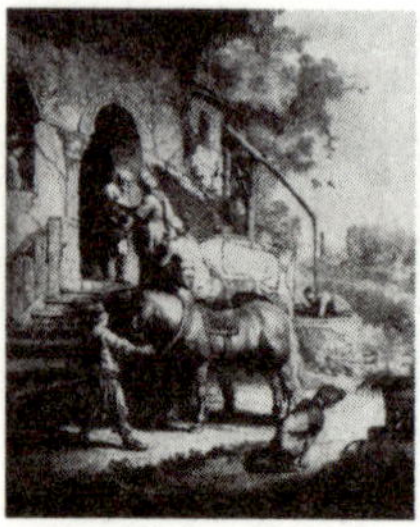

Rembrandt, Der barmherzige Samariter (1643-49)

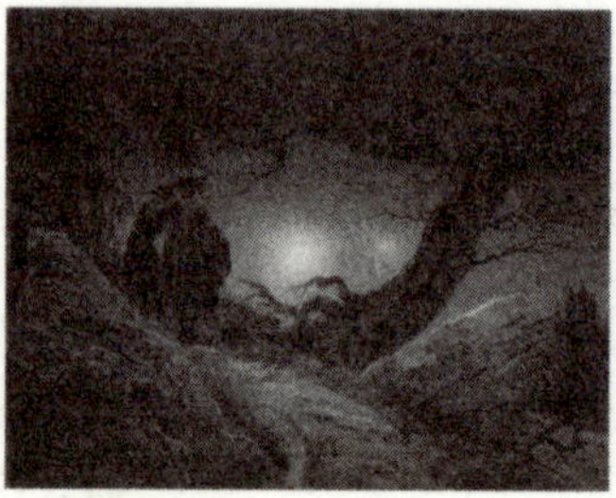

Caspar David Friedrich, Zwei Männer in Betrachtung des Mondes (um 1819)

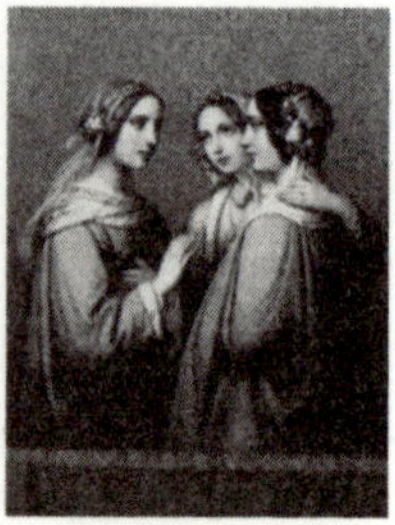

Marie Ellenrieder, Die drei Jungfrauen (1849)

Für mich machen diese drei Bilder exemplarisch das »Wesen des Christentums« aus. In seinen berühmten Vorlesungen zu diesem Thema von 1900 hat Adolf von Harnack drei Themenkreise herausgestrichen: das Reich Gottes und sein Kommen, Gott der Vater und der unendliche Wert der Menschenseele, die bessere Gerechtigkeit und das Gebot der Liebe (Harnack 1999, 87ff.). Im Anschluss an die Bild-Theologen habe ich diese Themenkreise behutsam umgedeutet und erweitert.

Nochmals: Mir geht es um Gesten der Entängstigung, deshalb habe ich mich nicht entschließen können, Gesten des Zorns einzufügen, obwohl bekanntlich die sogenannte Tempelreinigung durch Jesus nicht ganz affektfrei vollzogen wurde. Zorn hat wieder Konjunktur (Sloterdijk 2006), aber mir scheinen die Gesten des Zorns im Projekt des Christentums als Projekt der Entängstigung keinen angemessenen Platz zu finden. Natürlich darf etwa im Rahmen eines Gesprächs auch sehr energisch diskutiert werden, aber letztlich geht es um Einverständnis. Bei Ellenrieder wirkt die dialogische Geste – zugegeben – etwas verfrüht und verzuckert versöhnlich.

Die gezeigten Bilder sollen allerdings nicht den Eindruck erwecken, als höre mit den Nazarenern die gestische Kultur des Christentums auf oder sei auf einem nicht zu überbietenden Höhepunkt angelangt. Ellenrieder und ihre männlichen Kollegen, so habe ich gezeigt, arbeiten mit am Diskurs der Moderne. Nicht mehr und nicht weniger. Das Gestenensemble (um nicht von Kanon zu reden) ist damit aber weitgehend abgeschritten. Die Gestenfelder werden im Folgenden verschränkt, zum Teil entgrenzt oder aber – wie bei Mondrian – strikt formalisiert.

Bilder, die Energien eines maximalen Betroffenseins speichern, *handeln*, so das Resümee, am Betrachter auf ganz unterschiedlichen Niveaus:

- Bilder unterbrechen oder verstören den Alltag des einfachen Dahinlebens und zeigen Gesten idealtypischer Handlungsführung;
- Bilder stiften eine Seh- und Deutungsgemeinschaft;
- Bilder leiben Gesten ein;
- Bilder evozieren ein Gespräch über Sinnstiftung;
- Bilder können im Extremfall erlösen.

Das alles führt, wie meine kurze Gestengeschichte der Bilder zeigt, zu epochentypischen Erscheinungsformen der *Entängstigung und einem Leben auf Augenhöhe* – ein Angebot, das zumindest für mich bis auf Weiteres hoch attraktiv ist.

Übrigens: Meinem privaten Hausaltar habe ich jetzt den gipsernen Christus nach Thorvaldsen hinzugefügt. Er hält mit seinen ausgebreiteten Armen die Seligkeitsdinge so wunderbar zusammen.

Literatur

Ades, Dawn: Bacons Bilderwelt, in: Francis Bacon, Staatsgalerie Stuttgart, Nationalgalerie Berlin, London 1986, 8-23.

Agamben, Giorgio: Mittel ohne Zweck. Noten zur Politik, Freiburg/Berlin 2001.

Dürer, Albrecht: Schriften und Briefe, Leipzig 1978.

Bahr, Petra: Darstellung des Undarstellbaren, Tübingen 2004.

Balkon, band 9/98, sondernummer zu Hermann Nitsch, das 6-tage-spiel in prinzendorf 1998, Budapest 1998.

Barta, Ilsebill: Der disziplinierte Körper. Bürgerliche Körpersprache und ihre geschlechtsspezifische Differenzierung am Ende des 18. Jahrhunderts, in: dies. u.a. (Hg.): Frauen. Bilder. Männer. Mythen, Berlin 1987, 84-106.

Becht-Jördens, Gereon/Wehmeier, Peter M.: Picasso und die christliche Ikonographie. Mutterbeziehung und künstlerische Position, Berlin 2003.

Belting, Hans: Bild und Kult, München 1990.

Belting, Hans: Das echte Bild. Bildfragen als Glaubensfragen, München 2005.

Buntfuß, Markus: Die Erscheinungsformen des Christentums. Zur ästhetischen Neugestaltung der Religionstheologie bei Herder, Wackenroder und De Wette, Berlin/New York 2004.

Busch, Werner: Caspar David Friedrich: Ästhetik und Religion, München 2003.

Forge, Andrew: Über Bacon, in: Francis Bacon, Staatsgalerie Stuttgart, Nationalgalerie Berlin, London 1986, 24-31.

Gebauer, Gunter/Wulf, Christoph: Spiel, Ritual, Geste. Mimetisches Handeln in der sozialen Welt, Reinbek 1998.

Deicher, Susanne: Piet Mondrian: 1872-1944. Konstruktion über dem Leeren, Köln/London/Los Angeles/Madrid/Paris/Tokyo 1995.

Deicher, Susanne: Piet Mondrian. Protestantismus und Modernität, Berlin 1995.

Didi-Huberman, Georges: Vor einem Bild. Aus dem Französischen von Reinhold Werner, München/Wien 2000.

Eschenburg, Barbara: Das Tier in Franz Marcs Weltanschauung und in seinen Bildern, in: Hoberg, Annegret/Friedel, Helmut (Hg.): Franz Marc. Die Retrospektive, München/Berlin/London/New York 2005, 51-71.

Fischer-Lichte, Erika: Ästhetik des Performativen, Frankfurt am Main 2004.

Fritsch, Gudrun: Die Bedeutung der Hände im Werk der Künstler Ernst Barlach und Käthe Kollwitz – Symbol und Gestaltung, in: Fritsch, Martin

(Hg.): Ernst Barlach und Käthe Kollwitz im Zwiegespräch, Ausstellungskatalog, Leipzig 2006.

Gadamer, Hans-Georg: Bild und Gebärde, in: ders.: Gesammelte Werke 8, Ästhetik und Poetik I, Tübingen 1993, 323-330.

Girard, René: Ich sah den Teufel vom Himmel fallen wie einen Blitz. Eine kritische Apologie des Christentums, München 2002.

Girard, René: Die verkannte Stimme des Realen. Eine Theorie archaischer und moderner Mythen, München 2005.

Goecke-Seischab, Margarete/Harz, Frieder: Christliche Bilder verstehen. Themen. Symbole. Traditionen. Eine Einführung, München 2004.

Gombrich, Ernst H.: Aby Warburg. Eine intellektuelle Biographie, Hamburg 1992.

Gombrich, Ernst H.: Ritualized Gesture and Expression, in: Philosophical Transactions of the Royal Society of London, Serie B, Nr. 772, Bd. 251, 1966, 393-407.

Grewe, Cordula: Objektivierte Subjektivität: Identitäsfindung und religiöse Kommunikation im nazarenischen Kunstwerk, in: Hollein, Max/Steinle, Christa: Religion Macht Kunst. Die Nazarener, Köln 2005, 77-99.

Harnack, Adolf von: Das Wesen des Christentums, Gütersloh 1999.

Herz, Henriette: In Erinnerungen, Briefen und Zeugnissen, Leipzig/Weimar 1984.

Hoberg, Annegret: Franz Marc – Aspekte zu Leben und Werk, in: dies./Friedel, Helmut (Hg.): Franz Marc. Die Retrospektive, München/Berlin/London/New York 2005, 9-49.

Hofmann, Werner: Die Geburt der Moderne aus dem Geist der Religion, in: ders. (Hg.): Luther und die Folgen für die Kunst (Katalog zur gleichnamigen Ausstellung in der Hamburger Kunsthalle vom 11. November 1983 – 8. Januar 1984), München 1983, 23-71.

Huizing, Klaas: Der erlesene Mensch. Ästhetische Theologie Bd. 1. Eine literarische Anthropologie, Stuttgart 2000.

Huizing, Klaas: Der inszenierte Mensch. Ästhetische Theologie Bd. 2. Eine Medienanthropologie, Stuttgart 2002.

Huizing, Klaas: Der inszenierte Mensch. Ästhetische Theologie Bd. 3. Eine Theateranthropologie. Ein Theaterstück, Stuttgart 2004.

Huizing, Klaas: Frau Jette Herz. Roman, München 2005.

Jaffé, Hans L. Conrad: De Stijl 1917-1931. Der niederländische Beitrag zur modernen Kunst, Franfurt/Berlin/Wien 1965.

Kittsteiner, Heinz D.: Die Entstehung des modernen Gewissens, stw 1192, Frankfurt am Main 1995.

Krause, Cyprian: Ist Christentum tragisch? Die Bakchen des Euripides als Laboratorium metatragischer Stellvertretung: eine Hermeneutik zwischen Mysterium und Metapher, in: ZThK 103 (2006), 206-252.

Langner, Johannes: Iphigenie als Hund. Figurenbild im Tierbild bei Franz Marc. In: Franz Marc 1880-1916. Städtische Galerie im Lenbachhaus, Ausstellungskatalog, München 1980, 50-73.

Langner, Johannes: ›Symbole auf die Altäre der kommenden geistigen Religion‹. Zur Sakralisierung des Tierbildes bei Franz Marc, in: Jahrbuch der Staatlichen Kunstsammlungen in Baden Württemberg 18, 1981, 79-98.

Langner, Johannes: Turm und Täufer. Delaunay, Kandinsky und Marc im Zeichen des ›Blauen Reiter‹. In: Schuster, P.-K.: Katalog zur Ausstellung: Delaunay und Deutschland. Staatsgalerie moderner Kunst, München 1985.

Lankheit, Klaus: Caspar David Friedrich und der Neuprotestantismus, in: Deutsche Vierteljahreszeitschrift für Literaturwissenschaft und Geistesgeschichte 24, 1950, 129-143.

Lankheit, Klaus: Franz Marc. Schriften, Köln 1978.

Lankheit, Klaus/Steffen, Uwe: Franz Marc, Briefe aus dem Felde, München 1985.

Liebs, Holger: Einer von uns. Das Erbe der alten Republik: 20 Jahre nach seinem Tod ist es still geworden um Joseph Beuys, in: SZ 21./22. Januar 2006, 11.

Mädler, Inken: Direktiven – Perspektiven. Die Kunst der Moderne im Horizont theologischer Bestimmungen, in: Müller, Wolfgang Erich/Heumann, Jürgen (Hg.): Kunst-Positionen. Kunst als Thema gegenwärtiger evangelischer und katholischer Theologie, Stuttgart 1998, 18-34.

Mädler, Inken: Kirche und bildende Kunst der Moderne, Tübingen 1998.

Mädler, Inken: Spuren des Religiösen in der bildenden Kunst der Moderne. Caspar David Friedrich – Gerhard Richter, in: Gestrich, Christof/Wobel, Thomas (Hg.): Gott in der Kultur. Moderne Transzendenzerfahrungen und die Theologie, Beiheft BThZ, Berlin 2006, 43-57.

Marc, Franz: Briefe, Aufzeichnungen und Aphorismen, Bd. 1, Berlin 1920.

Markschies, Christoph: Warum hat das Christentum in der Antike überlebt? Ein Beitrag zum Gespräch zwischen Kirchengeschichte und Systematischer Theologie, ThLZ.F 13, Leipzig 2004.

Mersch, Dieter: Ereignis und Aura, Frankfurt am Main 2003.

Mertin, Andreas/Wendt, Karin: Mit zeitgenössischer Kunst unterrichten, Göttingen 2004.

Mertin, Andreas/Herrmann, Jörg/Valtink, Eveline: Die Gegenwart der Kunst. Ästhetische und religiöse Erfahrung heute, München 1998.

Mertin, Andreas/Schwebel, Horst (Hg.): Bilder und ihre Macht. Zum Verhältnis von Kunst und christlicher Religion, Stuttgart 1989.

Mondrian, Piet: The New Art – The New Life: The Culture of Pure Relationships, in: Holtzmann, Harry/James, Martin S. (Hg.): The Collected Writings of Piet Mondrian, London 1987.

Nitsch, Hermann: Orgien Mysterien Theater, Darmstadt 1969.
Nitsch, Hermann: leben und arbeit, aufgezeichnet von Danielle Spera, Wien 1999.
Nowak, Kurt: Schleiermacher. Leben, Werk und Wirkung, Göttingen 2001.
Metzger, Rainer: Fragmente aus der Zukunft, in: Hollein, Max/Steinle, Christa: Religion Macht Kunst. Die Nazarener, Köln 2005, 43-57.
Panowsky, Erwin: Sinn und Deutung in der bildenden Kunst, Köln 1978.
Pohlenz, Max: Stoa und Stoiker. Die Gründer. Panaitios. Poseidonios. Eingeleitet und übertragen von Max Pohlenz, Zürich/Stuttgart 1950.
Port, Ulrich: ›Katharsis des Leidens‹. Aby Warburgs ›Pathosformeln‹ und ihre konzeptionellen Hintergründe in Rhetorik, Poetik und Tragödientheorie, in: Deutsche Vierteljahrsschrift für Literaturwissenschaft und Geistesgeschichte, Sonderheft 1999: Wege deutsch-jüdischen Denkens im 20. Jahrhundert, 5-42.
Port, Ulrich: ›die neue geste‹ & ›das neue pathos‹. Über einen Gemeinplatz der Klassischen Moderne, in: Schiffermüller, Isolde (Hg.): Geste und Gebärde, Bozen 2001, 14-39.
Port, Ulrich: ›Transformatio energetica‹. Aby Warburgs Bild-Text-Atlas Mnemosyne, in: Andriopoulos, Stefan/Dotzler, Bernhard J. (Hg.): 1929. Beiträge zur Archäologie der Medien, Frankfurt am Main 2002, 9-30.
Raulff, Ulrich: Vier Versuche zu Aby Warburg, Göttingen 2003.
Schlegel, August Wilhelm/Schlegel, Friedrich (Hg.): Athenaeum. Eine Zeitschrift, 1798-1800, Nachdruck Dortmund 1989.
Rehm, Ulrich: Stumme Sprache der Bilder. Gestik als Mittel neuzeitlicher Bilderzählung, München/Berlin 2002.
Rehm, Ulrich: Die beredte Hand im neuzeitlichen Kunstdiskurs, in: Groschner, Gabriele (Hg.): Beredte Hände. Die Bedeutung von Gesten in der Kunst des 16. Jahrhunderts bis zur Gegenwart, Salzburg 2004, 25-51.
Roodenburg, Hermann: The Eloquence of the Body. Perspectives on the gesture in the Dutch Republic, Zwolle 2004.
Rohls, Jan: Van Gogh und die religiöse Expression, in: ZThK 102 (2005) 504-531.
Rombold, Günter: Bilder – Sprache der Religion, Münster 2004.
Rosaco, Betsy: Albrecht Dürer's ›Death of Orpheus‹. Its Critical Fortunes and a New Interpration of its Meaning. In: Idea. Jahrbuch der Hamburger Kunsthalle III, 1984, 19-43.
Rosenblum, Robert: Modern Painting and the Northern Romantic Tradition. Friedrich to Rothko, London 1975.
Schleiermacher, Friedrich Daniel Ernst: Über die Religion. Reden an die Gebildeten unter ihren Verächtern (1799), Hamburg 1958.
Sloterdijk, Peter: Zorn und Zeit. Politisch-psychologischer Versuch, Frankfurt am Main 2006.

Schmied, Erika/Schmied, Wieland: Nitsch. Der Mensch hinter seinen Aktionen, Salzburg 2005.

Schneider, Jörg: Religion in der Krise. Die bildenden Künstler Ludwig Meidner, Max Beckmann und Otto Dix meistern ihre Erfahrung des Ersten Weltkriegs, Gütersloh 2005.

Schwebel, Horst: Die Kunst und das Christentum. Die Geschichte eines Konflikts, München 2001.

Stock, Alex: Poetische Dogmatik, Paderborn ab 1995.

Updike, John: Sucht mein Angesicht. Roman, deutsch von Maria Carlsson, Reinbek bei Hamburg 2005.

Strachwitz, Sigrid von: Franz Marc und Friedrich Nietzsche. Zur Nietzsche-Rezeption in der bildenden Kunst, Dissertation Bonn 1997.

Sylvester, David: Gespräche mit Francis Bacon, München 1981.

Villhauer, Bernd: Aby Warburgs Theorie der Kultur. Detail und Sinnhorizont, Berlin 2002.

Wackenroder, Wilhelm Heinrich: Herzensergießungen eines kunstliebenden Klosterbruders (1797), in: ders.: Sämtliche Werke und Briefe, Heidelberg 1991, 55-145.

Walther, Ingo F.: Picasso. 1881-1973. Das Genie des Jahrhunderts, Köln 1999.

Warburg, Aby: Die Erneuerung der heidnischen Antike. Kulturwissenschaftliche Beiträge zur Geschichte der europäischen Renaissance, herausgegeben von Horst Bredekamp und Michael Diers, in: ders.: Gesammelte Schriften. Erste Abteilung I.1, I.2, Berlin 1998.

Warburg, Aby: Der Bilderatlas Mnemosyne, herausgegeben von Martin Warnke unter Mitarbeit von Claudia Brink, in: ders.: Gesammelte Schriften. Zweite Abteilung, Bd. 1, Berlin 2000.

Warburg, Aby: Tagebuch der Kulturwissenschaftlichen Bibliothek Warburg, mit Einträgen von Gertrud Bing und Fritz Saxl, herausgegeben von Karen Michels und Charlotte Schoell-Glass, in: ders.: Gesammelte Schriften. Siebte Abteilung, Bd. VII, Berlin 2001.

Warnke, Martin: Aby Warburg als Renaissance-Forscher, in: Garber, Klaus (Hg.): Kulturwissenschaftler des 20. Jahrhunderts, München 2002, 13-22.